TOP 10 VIENA

Top 10 Viena

Lo mejor de Viena

CONTENIDOS

Recorridos por Viena

Datos útiles

Las listas Top 10 de esta guía no siguen un orden jerárquico en cuanto a calidad o popularidad. Cualquiera de las 10 opciones, a juicio del editor, tiene el mismo mérito.

Cubierta y lomo *Magnífico interior de la Jesuitenkirche, Viena*
Contraportada, en sentido de las agujas del reloj desde arriba a la izquierda *El extenso Stadtpark; una glorieta en el Schloss Schönbrunn; vista aérea de Rosshelen; la Jesuitenkirche; la animada casa Hundertwasser*

Debido a la pandemia de COVID-19 muchos hoteles, restaurantes y tiendas han modificado sus horarios o se han visto obligados a cerrar. Por favor, consulte con cada establecimiento antes de acudir.

Toda la información de esta Guía Visual Top 10 se comprueba regularmente. Se han hecho todos los esfuerzos para que esta guía esté lo más actualizada posible a fecha de su edición. Sin embargo, algunos lugares han podido cerrar y algunos datos, como números de teléfono, horarios, precios e información práctica, pueden sufrir cambios. La editorial no se hace responsable de las consecuencias que se deriven del uso de este libro, ni de cualquier material que aparezca en los sitios web de terceros, además no puede garantizar que todos los sitios web de esta guía contengan información de viajes fiable. Valoramos mucho las opiniones y sugerencias de nuestros lectores. Puede escribir al correo electrónico: **travelguides@dk.com**

Bienvenido a Viena

Las calles de Viena, atrevidas, barrocas, hermosas y llenas de historia deben su apariencia al extravagante derroche creativo de la emperatriz María Teresa y el emperador Francisco José en época del Imperio austrohúngaro. Con las elegantes fachadas de Ringstrasse y la grandeza imperial del Schloss Schönbrunn, es el paradigma de la decadencia. Con esta guía visual Top 10 de Viena ya puedes comenzar a explorarla.

Viena cuenta con las agujas góticas de **Stephansdom** y la emblemática **noria gigante** del Prater, así como con los mundialmente famosos caballos de raza lipizzana de la **Escuela Española de Equitación.** Un envidiable surtido de museos y galerías se dan cita con multitud de espacios culturales que atraen a visitantes de todo el mundo. Todo esto lo preside el enorme palacio Hofburg, la imponente sede de la dinastía **Habsburgo** durante más de seis siglos, con su fascinante patrimonio, decoración dorada y lujoso arte.

Los museos contemporáneos y la arquitectura de vanguardia crean un ambiente moderno en esta ciudad llena de historia que combina lo antiguo y lo nuevo con maestría. El centro y sus resplandecientes salones de baile son desde hace mucho tiempo sinónimos del emotivo vals vienés. Pero en los singulares distritos de Viena se encuentra una atractiva mezcolanza de calles de moda y grandeza evanescente junto con los aceites, especias y puestos de comida del célebre **Naschmarkt**.

Tanto si se trata de una escapada como de un viaje más largo, esta guía Top 10 recoge lo mejor de Viena, desde una rica tradición de música clásica hasta su cultura de *Kaffeehaus*. También ofrece todo tipo de consejos útiles, incluidas actividades gratuitas o descubrir las rutas menos habituales, así como ocho itinerarios diseñados para visitar varios lugares en poco tiempo. Además, las atractivas fotografías y los mapas detallados convierten esta guía en un compañero de viaje imprescindible. **Disfruta de la guía y disfruta de Viena.**

En sentido de las agujas del reloj, desde arriba: **Fachada del Burgtheater, monumento a Johann Strauss, dibujo del tejado de Stephansdom, el majestuoso Belvedere Superior, noria del Prater, interior del Café Central, exterior de la Majolika Haus**

Explorar Viena

El centro de Viena, con su ambiente cultural y los magníficos palacios de los Habsburgo, se puede recorrer andando. Los visitantes pueden explorar su laberinto de callejuelas que serpentean entre cafés históricos y fascinantes museos.

La Escuela Española de Equitación de Viena, famosa por sus sementales lipizzanos.

Dos días en Viena

Día ❶

MAÑANA

Comienza el día en el palacio **Hofburg** *(ver pp. 16-21)* tomando un café bajo lámparas de araña en el **Café Hofburg** *(ver p. 98)*. Después descubre la vida de los Habsburgo en el Museo Sisí, antes de visitar la **Escuela Española de Equitación** *(ver pp. 20-21)*. Tras recorrer el museo **Albertina** *(ver p. 91)*, con sus colecciones de arte, date un homenaje con una comida austriaca *gourmet* en el **Restaurant im Hotel Ambassador** *(ver p. 78)*.

TARDE

La **Staatsoper** *(ver pp. 36-37)* ofrece una visita a las bambalinas. Después, dirígete al **Hotel Sacher** *(ver p. 142)* para tomar una *Sachertorte* (tarta de chocolate) con vistas a la calle: perfecto para contemplar a la gente.

La Staatsoper, Ópera del Estado de Viena, y su elegante interior.

Día ❷

MAÑANA

Sube los 137 m de la torre sur de la **Stephasdom** *(ver pp. 12-15)*, decorada con azulejos, para contemplar unas magníficas vistas de la ciudad. Después, coge una mesa apartada del **Café Diglas** *(ver p. 98)* en Fleischmarkt para disfrutar de un *Einspänner* (café con nata).

TARDE

Móntate en el tranvía 1 de Schwedenplatz para observar aires de otra época, rodando por el bulevar Ringstrasse. Pasa el resto del día en el **MuseumsQuartier** *(ver pp. 34-35)*, en Museumsplatz. Además de infinidad de museos, los patios albergan danza, festivales de cine, conciertos o, si hace buen tiempo, DJ.

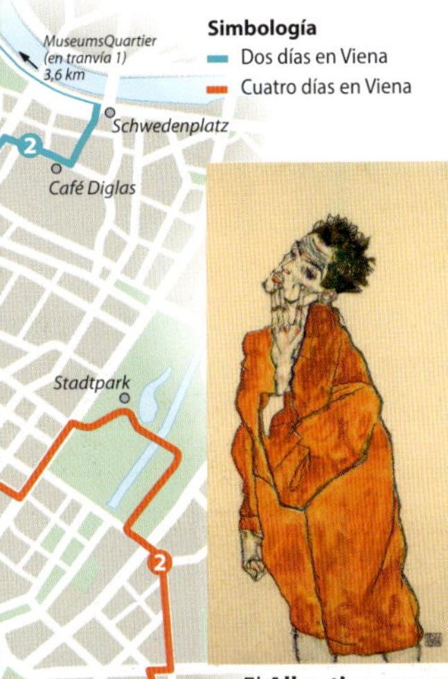

El **Albertina** expone obras de Egon Schiele y Gustav Klimt.

Cuatro días en Viena

Día 1

MAÑANA

Recorre la **Stephansdom** *(ver pp. 12-15)* antes de admirar la grandeza del **palacio Hofburg** *(ver pp. 16-21)* y los 450 años de tradición en la **Escuela Española de Equitación** *(ver pp. 20-21)*.

TARDE

Pasea por los puestos de comida del **Naschmarkt** *(ver p. 116)*, repletos de productos. Después, dirígete hacia el **Schloss Schönbrunn** *(ver pp. 42-45)*, residencia estival de la realeza, para ver salas, fuentes y jardines rococó.

Día 2

MAÑANA

Tómate tu tiempo para pasear por el encantador **Belvedere** *(ver pp. 28-31)* y admirar sus fragantes jardines antes de visitar las 6,5 ha del **Stadtpark** *(ver p. 64)* para contemplar sus magníficas esculturas.

TARDE

En el **Albertina** *(ver p. 91)* se encuentran cuadros, un millón de obras gráficas y miles de fotografías. Disfruta de una visita a las bambalinas de la **Staatsoper** *(ver pp. 36-37)* antes de explorar la **Karlskirche** *(ver pp. 32-33)*.

Las soberbias galerías del **Kunsthistoriches Museum** son todo un festín visual de arte.

Día 3

MAÑANA

Después de ver las colecciones del **Kunsthistorisches Museum** *(ver pp. 22-25)*, recorre las dos plantas del **Naturhistorisches Museum** *(ver p. 107)*.

TARDE

Haz una parada en el Leopold Museum del **MuseumsQuartier** *(ver pp. 34-35)* para contemplar las obras de Gustav Klimt y luego la **Hundertwasserhaus** *(ver pp. 40-41)*, un colorido edificio diseñado por Friedensreich Hundertwasser.

Día 4

MAÑANA

Disfruta de una jornada de diversión para toda la familia en la **Haus der Musik** *(ver p. 57)* antes de visitar el **Schmetterlinghaus** *(ver p. 69)*, hogar de centenares de mariposas en un entorno tropical lleno de color.

TARDE

Visita el **Pabellón de la Secesión** *(ver pp. 38-39)*, de 1897, antigua sede de artistas disidentes como Gustav Klimt, y termina en el **Prater** *(ver p. 64)*, antiguo coto de caza real, con su famosa noria.

Top 10 Viena

Detalle de las esculturas del exterior del Hofburg

TOP 10 Lo esencial de Viena

Repleta de elegantes edificios, grandiosos palacios e imponentes iglesias, Viena rezuma encanto y ambiente. Aunque aún se siente su grandeza imperial, hay mucho más, como los espectaculares museos, una vibrante cultura de los cafés y su animada vida nocturna.

1 Stephansdom

La catedral gótica es uno de los monumentos más destacados de Viena. Desde su aguja hay una vista espectacular de los tejados *(ver pp. 12-15)*.

2 Hofburg

El antiguo palacio imperial, con sus numerosas alas y patios y su magnífico interior, refleja el glorioso pasado de Austria *(ver pp. 16-21)*. Todavía se celebran en él grandes bailes.

3 Kunsthistorisches Museum

Este importante museo alberga una de las colecciones más extensas de obras de los maestros antiguos *(ver pp. 22-25)*.

4 El Belvedere

La antigua residencia de verano del príncipe Eugenio, héroe de guerra del siglo XVII, es un palacio barroco, hoy sede de la Galería Nacional de Austria. Aquí está *El beso* de Gustav Klimt *(ver pp. 28-31)*.

5 Karlskirche

Esta impresionante iglesia barroca, que tiene a cada lado una columna y en lo alto una gran cúpula, preside la Karlsplatz *(ver pp. 32-33)*.

6 MuseumsQuartier

Las antiguas caballerizas imperiales se han convertido en un amplio complejo museístico que exhibe, entre otras cosas, colecciones de arte moderno y contemporáneo *(ver pp. 34-35)*.

7 Staatsoper

La Ópera del Estado atrae a amantes de la música de todo el mundo. Su gran auditorio es una buena introducción a una tarde de música clásica *(ver pp. 36-37)*.

8 Pabellón de la Secesión

Este sencillo edificio blanco reúne una magnífica construcción *art nouveau* que refleja los ideales de los secesionistas: pureza y funcionalidad *(ver pp. 38-39)*.

9 Hundertwasserhaus

Un edificio poco convencional, diseñado por Friedensreich Hundertwasser, famoso por sus suelos desiguales, tejados ajardinados y ventanas irregulares *(ver pp. 40-41)*.

10 Schloss Schönbrunn

Antigua residencia de verano de la familia imperial Habsburgo, un magnífico palacio rodeado de jardines barrocos y el zoo más antiguo del mundo *(ver pp. 42-45)*.

TOP 10 ★ Stephansdom

La catedral de San Esteban, en el corazón de la ciudad, es el monumento más querido de Viena y uno de los edificios góticos más hermosos de Austria. Los cimientos de la iglesia románica original se remontan a 1147, pero los restos más antiguos son la Puerta de los Gigantes, del siglo XIII, y las Torres de los Paganos. Algunos Habsburgo dejaron su impronta en ella reconstruyendo la nave gótica, las capillas laterales y el coro en los siglos XIV y XV. La aguja de la torre sur (o Steffl, como la llaman los vieneses), sufrió daños en la Segunda Guerra Mundial, pero su reconstrucción fue símbolo de la esperanza.

1 Vidrieras

Las coloridas vidrieras medievales situadas tras el altar mayor describen pasajes bíblicos de santos y profetas y la vida y la pasión de Jesucristo.

2 Órgano

La catedral tiene órgano desde 1334. El de la zona oeste del coro *(arriba)*, con 125 llaves y 10.000 tubos, se instaló sobre la entrada en 1960.

3 Tejado de azulejos

El impresionante tejado *(izquierda)* está cubierto con casi 230.000 azulejos de colores con la forma del escudo de los Habsburgo: un águila bicéfala porta la corona imperial y el Toisón de Oro. Anterior a 1474, fue reconstruido tras la Segunda Guerra Mundial.

4 Puerta de los Gigantes

La puerta principal debe su nombre a un hueso de mamut hallado durante su construcción en el siglo XV. Está decorada con esculturas que representan a Cristo entre ángeles el día del Juicio Final.

5 Altar mayor

El hermoso altar mayor barroco *(arriba)* de 1647 es obra de los hermanos Tobias y Johann Pock. El retablo que ocupa el centro del altar, en mármol, muestra la lapidación del patrón de la catedral, san Esteban.

6 Bóveda

La nave principal, gótica, está cubierta por una espléndida bóveda de crucería que se apoya sobre unos altos pilares.

7 Torre norte y Pummerin

La torre norte, coronada por una cúpula, alberga la inmensa campana Pummerin. Pesa 21 toneladas y se fabricó con 100 cañones tomados durante el fallido asedio turco a Viena en 1683.

9 Catacumbas

Cuando Carlos VI cerró el cementerio de la catedral en 1732, se construyeron catacumbas para los difuntos. A finales del siglo XVIII, había aquí sepultadas unas 11.000 personas. La cripta del Duque tiene urnas con los órganos de la familia Habsburgo.

10 Fachada oeste

Las dos imponentes Torres de los Paganos de estilo románico que flanquean la puerta de los Gigantes *(arriba)* y las capillas laterales góticas con rosetones configuran la espléndida entrada de la catedral.

Stephansdom

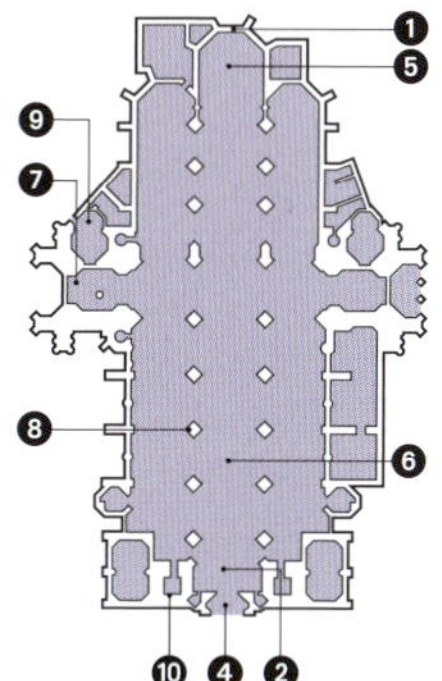

8 Pilares

La nave principal de la Stephansdom está dominada por altísimos pilares, decorados con 77 estatuas de arcilla y piedra que datan del siglo XV.

INFORMACIÓN ÚTIL

PLANO N3 ■ Stephansplatz ■ 01 515 52 3054 ■ www.stephanskirche.at

Horario 6.00-22.00 lu-sá, 7.00-22.00 do

Visitas guiadas (inglés): 10.30 lu-sá;

Torre sur: la escalera 9.00-17.30 diario; 5 €.

Torre norte: ascensor 9.00-17.30 diario; 6 €.

Catacumbas: 10.00-11.30 y 13.00-16.30 lu-sá, 13.00-16.30 do y festivos; 6 €.

■ **El acceso a las catacumbas solo con visitas guiadas.**

■ **Para ver los tejados se pueden subir los 343 escalones de la torre sur o tomar el ascensor de la Torre norte.**

Guía de la catedral

Se accede por la Puerta de los Gigantes. A la izquierda, púlpito gótico y el ascensor de la torre norte. La entrada a las catacumbas está en la nave de la izquierda. En el rincón de la derecha, el sepulcro de Federico III *(ver p. 14)*.

Elementos góticos de la catedral

1 El maestro de Pilgram

Al pie del antiguo órgano hay un autorretrato del maestro Anton Pilgram, uno de los principales artesanos de la catedral. Está sujetando sus utensilios: un compás en la mano derecha y una escuadra en la izquierda.

2 Fenstergucker

Este maravilloso ejemplo de estilo tardogótico vienés muestra al maestro Pilgram asomándose a un ventanillo abierto bajo el púlpito para examinar su obra.

Fenstergucker, bajo el púlpito

3 Tumba de Federico III

Federico III encargó a Niklas Gerhaert van Leyden que crease para él un majestuoso sepulcro. Tardó 45 años en concluirlo, 20 años después de la muerte del emperador. Unas figurillas de monjes talladas en el sarcófago ruegan por su alma.

4 Pila bautismal

Se necesitaron cinco años para concluir esta pila de 14 lados hecha de mármol rojo de Salzburgo. Su decoración representa los siete sacramentos y el bautismo de Jesucristo en el centro.

Elementos góticos de la catedral

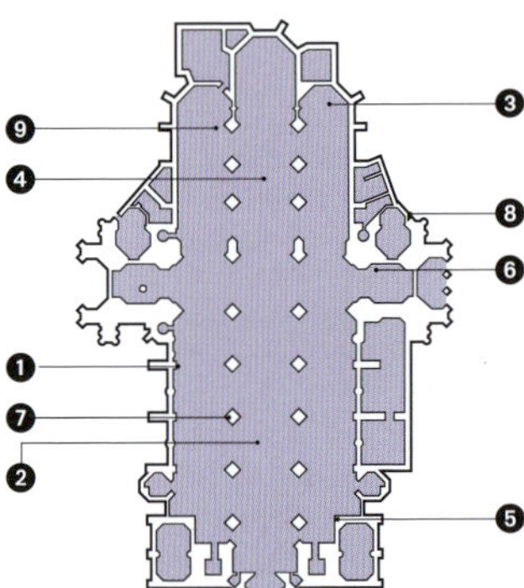

5 Baldaquino con la Virgen de Pötsch

El baldaquino de piedra del siglo XVI protege la imagen de la Virgen del pueblo húngaro de Mariapócs. La leyenda cuenta que, en el siglo XVII, las lágrimas bañaban las mejillas de la Virgen; actualmente los fieles acuden para rogarle por la curación de los enfermos.

6 Virgen de los Sirvientes

Se cuenta que esta hermosa estatua de la Virgen y el Niño ayudó milagrosamente a exculpar a una criada acusada en falso de robar a su señor.

7 Púlpito

Creado en 1510 por Anton Pilgram. Los lagartos y los sapos, que representan al diablo, suben por la balaustrada y son ahuyentados por un perro, símbolo del bien.

Púlpito de Stephansdom

SAN JUAN DE CAPISTRANO Y EL ASEDIO TURCO

Púlpito de Juan Capistrano

En el muro nororiental de la catedral hay un recargado púlpito barroco realizado en honor del santo franciscano Juan de Capistrano (1385-1456). Nacido en Italia, abandonó una vida dedicada a las leyes cuando soñó que san Francisco le pedía que se uniera a la orden franciscana. En 1425 se ordenó sacerdote y enseguida tuvo multitud de seguidores que acudían de toda Italia para escucharle predicar contra la herejía. Pero adquirió más fama por sus habilidades diplomáticas. Tras varias misiones en Italia y Francia, fue enviado a Austria en 1451 para predicar contra la invasión turca y guiar al ejército cristiano a la victoria frente a los turcos en la batalla de Belgrado en 1456. Fue canonizado en 1724 y los austriacos le erigieron un púlpito en agradecimiento.

TOP 10 HITOS HISTÓRICOS EN LA CATEDRAL

1 Consagración de la primera iglesia (1147)

2 San Esteban obtiene la categoría de diócesis (1469)

3 Doble matrimonio entre los nietos de Maximiliano y los hijos del rey de Hungría (1515)

4 Wolfgang Amadeus Mozart se casa con Constanze Weber (1782)

5 Las catacumbas cierran a causa de la peste (1783)

6 Súbita muerte y humilde funeral de Mozart (1791)

7 Se desata la "Revolución de Octubre" alrededor y dentro de Stephansdom (1848)

8 Funeral del emperador Francisco José (1916)

9 Un incendio destruye el tejado (1945)

10 Funeral de Zita, esposa del último emperador de Austria, Carlos I (1989)

En 1916, el cortejo fúnebre del emperador Francisco José I se grabó en su tránsito a la catedral

8 Cenotafio de Rodolfo IV el Fundador

Rodolfo IV el Fundador y su mujer, Catalina de Bohemia, yacen en sus sarcófagos de mármol. La tumba estuvo en su origen decorada con oro y piedras preciosas y varias figuras dentro de pequeños nichos.

9 Altar Wiener Neustädter

Está a la izquierda del altar mayor, con cuatro paneles que muestran 72 santos y escenas de la vida de la Virgen. Tallado y policromado en 1447, originalmente fue un relicario.

Gárgolas en lo alto de la catedral

10 Gárgolas

Las gárgolas del tejado exterior de la catedral reproducen formas de dragones y animales mitológicos para protegerla del mal.

El Hofburg

El antiguo palacio imperial de Viena es un lujoso conjunto de edificios dispersos por una gran extensión del centro de la ciudad. El castillo medieval que fuera residencia de los emperadores fue ampliándose hasta 1918 y, a medida que el poder de los Habsburgo aumentaba, se iban añadiendo edificios: el Neue Burg (Palacio Nuevo) es el más reciente. Hoy el Hofburg alberga las oficinas del presidente austriaco, un centro de convenciones, museos, espacios oficiales y la Escuela de Invierno de Equitación, en la que actúan los caballos lipizzanos de la Escuela Española de Equitación.

1 Puerta Suiza

El nombre de esta puerta renacentista *(arriba)* hace referencia a la guardia suiza que estaba al servicio de María Teresa en el siglo XVIII.

INFORMACIÓN ÚTIL

PLANO L4 ■ Innerer Burghof/ Kaisertor ■ Entrada: 16 € ■ www.sisimuseum-hofburg.at

Apartamentos Imperiales: sep-jun: 9.00-17.30 diario; jul y ago: 9.00-18.00 diario

Escuela Española de Equitación: 01 533 90 31; visitas guiadas diario; práctica matinal 10.00-12.00

■ Los domingos, los Niños Cantores de Viena actúan en la Capilla Imperial a las 9.15. Conviene reservar para asegurarse.

2 Biblioteca Nacional de Austria

Esta biblioteca barroca la construyó Josef Emanuel Fischer von Erlach entre 1723 y 1726. Guarda una inestimable colección de manuscritos históricos en estanterías de nogal.

3 Colección de platería imperial

La elaborada decoración de los servicios de mesa y vajilla de plata muestran el esplendor de la corte imperial.

El Hofburg

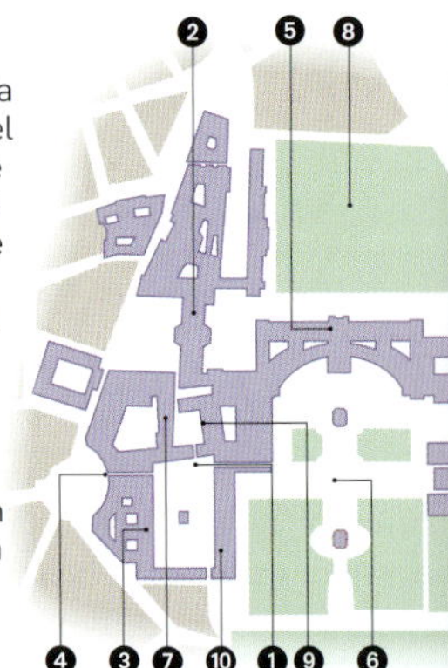

6 Plaza de los Héroes

Estatuas ecuestres del príncipe Eugenio de Saboya y del archiduque Carlos *(izquierda)* presiden la Heldenplatz, un espacio de desfiles.

7 Cámara del Tesoro secular y sacro

Con magníficos objetos en 16 salas dedicadas a las reliquias del Imperio austriaco y el Sacro Imperio Romano.

CONSTRUCCIÓN DEL HOFBURG

Hasta 1918, cada emperador fue dejando su impronta en el recinto. Bajo Maximiliano II se construyó el Stallburg, de estilo renacentista. El Amalienburg, erigido para su hijo Rodolfo II, se terminó en 1605. La parte más antigua es el Schweizertrakt, con la capilla Imperial y la puerta Suiza (1552-1553).

8 Burggarten y Volksgarten

Ambos parques se deben a las tropas napoleónicas, que arrasaron partes del palacio en 1809 creando espacios abiertos *(arriba)*.

9 Capilla Imperial

Aunque su interior gótico original con estatuas talladas fue modificado por María Teresa, la Burgkapelle es una de las partes más antiguas del Hofburg. Aquí tocaron músicos como Mozart.

10 Apartamentos Imperiales

Los Kaiserapartments del ala Amalia se conservan tal y como estaban en la época de Francisco José y su esposa Isabel *(ver p. 19)*, a la que están dedicadas seis salas como Museo Sisí *(abajo)*.

4 Puerta de San Miguel

La majestuosa Michaelertor *(arriba)* es la entrada principal al Hofburg. Su imponente cúpula verde con doradas decoraciones se cierne sobre Michaelerplatz.

5 Museos

Con su inmensa fachada con columnas y de forma semicircular, el Neue Burg guarda armas y armaduras, instrumentos musicales, y alberga el museo etnológico Weltmuseum Wien.

Tesoros artísticos del Hofburg

1 Corona del Sacro Imperio Romano

Corona de oro y joyas

Dentro de la colección de preciosas piezas seculares y sacras destaca esta increíble corona de oro, decorada con esmalte tabicado y gemas, fabricada en torno al año 962.

2 Instrumentos musicales

El impresionante Sammlung Alter Musikinstrumente alberga una colección de instrumentos musicales renacentistas y barrocos, además de pianos que pertenecieron a Beethoven, Schubert y Haydn.

3 Cetro y orbe austriacos

La coronación de un nuevo Habsburgo era toda una ceremonia de homenaje, durante la cual el soberano portaba el cetro y el orbe.

4 Toisón de Oro

Esta cota de malla, de 1517, consiste en una cadena y un collar de láminas reversibles.

5 Frescos de la Biblioteca Nacional de Austria

El artista Daniel Gran pintó los hermosos frescos del salón principal en honor de Carlos VI en 1730. La estatua que aquí se encuentra representa al emperador como centro del universo, con una balanza que sopesa la guerra y la paz.

6 Objetos del capitán Cook

Entre las piezas del museo etnológico Weltmuseum Wien, están las que adquirió el capitán James Cook en sus viajes por el mundo, incluyendo máscaras de Norteamérica.

Cuna ornamentada del rey de Roma

7 Cuna del rey de Roma

Esta cuna se la regaló la archiduquesa de Austria y segunda esposa de Napoleón, María Luisa, a su hijo, el rey de Roma. Está adornada con oro, madreperla y plata, mientras que una diosa de la victoria corona al niño con una diadema de estrellas y una corona de laurel.

Biblioteca Nacional

8 Tocado azteca de plumas

Este penacho es el único que hay en la actualidad. La restauración de las 450 plumas verdes de quetzal y 1.000 láminas de oro fue un proyecto conjunto con México.

9 Retrato de la emperatriz Isabel

El pintor alemán y célebre retratista de la corte Franz Xavier Winterhalter pintó este retrato en 1865. Cuelga en una de las salas del Museo Sisí (ver p. 17).

10 Plata y porcelana

La *Silberkammer* muestra las vajillas de plata y la porcelana de Viena que se empleaban en los banquetes imperiales. La colección ofrece a los visitantes una oportunidad única para observar el protocolo y la etiqueta en la mesa de la corte.

La colección de plata y porcelana

FRANCISCO JOSÉ Y SISÍ

Francisco José, nacido en 1830, fue coronado emperador de Austria en 1848, a los 18 años. Conoció a su mujer, la princesa Isabel de Baviera, conocida cariñosamente por los austricacos como Sisí, en 1853, y se casaron poco después. Los austriacos adoraban, y aún lo hacen, a la emperatriz, por su belleza, su dignidad y elegancia en asuntos de Estado. Muchos pensaban que el éxito de Francisco José se debió a la influencia de Sisí y la consideraban su auténtica soberana. No obstante, sus vidas no se vieron libres de tropiezos y desgracias. Francisco José perdió importantes guerras con Francia (1848) y Prusia (1866), a pesar de ser coronado rey de Hungría en 1867. Sufrieron muchas tragedias personales: Maximiliano, hermano del emperador, fue ejecutado en México; y su único hijo, el príncipe heredero Rodolfo, se suicidó en 1889, tras lo cual Sisí solo vistió de negro. Austria se puso también de luto en 1898, cuando su amada emperatriz fue asesinada en Ginebra. Francisco José gobernó 68 años hasta su muerte, en 1916.

La emperatriz Isabel

TOP 10 HITOS EN EL HOFBURG

1 Se construye un fuerte sobre el emplazamiento actual del Hofburg (1275)

2 Construcción del ala Alte Burg bajo Fernando I (1547-1552)

3 Fischer von Erlach comienza la Escuela de Invierno de Equitación (1729)

4 Espectáculos con caballos lipizzanos en la Escuela de Invierno de Equitación (1740-1780)

5 Mozart actúa con regularidad en la Burgkapelle (1781-1791)

6 Celebración del Congreso de Viena (1815

7 Construcción del ala Michaeler (1889-1893)

8 La Primera Guerra Mundial impide la finalización de la segunda ala (1918)

9 Hitler proclama la anexión de Austria al Tercer Reich desde el balcón del Neue Burg (1938)

10 Un incendio destruye el salón de baile del ala Redoute (1992)

Escuela Española de Equitación

Caballos y jinetes en la Escuela de Invierno de Equitación

1 Pasos de equitación

Los pasos de los famosos caballos lipizzanos blancos de la Escuela Española de Equitación siguen las rígidas normas de la alta escuela de equitación que se establecieron en el Renacimiento. La agilidad y la fuerza son los objetivos. La parte más difícil es la cuadrilla, que exige una coreografía precisa y exacta.

2 Palco del emperador

El palco reservado a la familia imperial todavía tiene las mejores butacas del local.

Jinetes en el palco del emperador

Caballo lipizzano y jinete

3 Retrato de Carlos VI

En el palco real cuelga este retrato. Los jinetes, cuando entran en la sala, presentan sus respetos al fundador de la escuela alzando su bicornio.

4 Caballos lipizzanos

Los elegantes sementales blancos lipizzanos se crían en las caballerizas nacionales de Piber. Los potros nacen con la piel negra u oscura y adquieren su característico manto blanco entre los cuatro y los diez años.

5 Adiestramiento

Cuando cumplen cuatro años, los caballos se trasladan desde las caballerizas hasta la Escuela Española de Equitación, donde se les adiestra un mínimo de ocho años o hasta que consiguen la suficiente habilidad para actuar.

6 Jinetes

Al igual que los caballos, los jinetes deben someterse a un fuerte entrenamiento de monta clásica y demás técnicas de equitación. Por lo general, visten pantalones de montar blancos y chaquetas cruzadas color café con botonadura de metal.

7 Caballerizas

El Stallburg, de estilo renacentista, tiene una impresionante galería de tres plantas. Se construyó durante el reinado de Maximiliano II.

8 Escuela de Invierno de Equitación

La Escuela Española de Equitación está desde 1735 en el edificio de la Escuela de Invierno de Equitación, diseñada en estilo barroco por Fischer von Erlach.

9 Interior

Los caballos representan sus elegantes coreografías en una sala de 56 metros de largo. La tribuna se apoya sobre 46 columnas corintias.

10 Escuela de Verano de Equitación

En verano, las actuaciones y sesiones de adiestramiento de la Escuela Española de Equitación se trasladan a un patio anejo a la Escuela de Invierno.

HISTORIA DE LOS CABALLOS LIPIZZANOS

El emperador Maximiliano II trasladó desde España los primeros caballos españoles en 1562. La primera evidencia de su ubicación en la Escuela Española de Equitación se remonta a 1572. En 1580, los caballos recibieron el nombre de lipizzanos por unas caballerizas cercanas a Trieste. Sobre esa época se construyó la primera sala para montar en el sitio actual. La escuela, tal y como se la conoce ahora, se formó en el siglo XIX y acogía representaciones ecuestres donde se realizaban ejercicios en formación. Los jinetes solo fueron varones durante 436 años. En 2008 fueron admitidas dos mujeres, una austriaca y otra británica. Los uniformes siguen inalterados desde el "estilo Imperio" de 1795.

TOP 10 ARREOS Y VESTUARIO

1. Sombrero napoleónico de dos picos
2. Chaqué marrón
3. Pantalón de ante
4. Botas negras de caña alta
5. Espuelas cuello de cisne
6. Silla de piel
7. Guantes de gamuza claros
8. Bridas doradas
9. El color del sudadero indica el rango del jinete
10. Peto dorado del caballo

En este cuadro del siglo XIX, *Adiestramiento matinal en la Escuela de Equitación de Invierno* (1890), del pintor italiano Julius von Blaas, se ven elegantes caballos ejercitándose en el entorno de la escuela de equitación.

TOP 10 Kunsthistorisches Museum

El Museo de Bellas Artes, construido en estilo renacentista italiano por los arquitectos Karl von Hasenauer y Gottfried Semper, abrió sus puertas en 1891. Su magnífica arquitectura es un marco incomparable para los tesoros artísticos reunidos por los Habsburgo, entusiastas mecenas y coleccionistas durante siglos. Las colecciones, sobre todo la de maestros antiguos, figuran entre las más importantes del mundo.

1 *Autorretrato*

El maestro y artista holandés Rembrandt pintó este lienzo en 1652. Sobre un fondo de tonos oscuros, concentra toda la luz en su rostro.

2 *El banquete de boda*

Este cuadro de 1568 contribuyó más que ningún otro a la fama de Brueghel el Viejo como retratista de la vida campesina. Parece como si estuviéramos en medio de una boda rural *(abajo)*.

3 Hipopótamo azul

Las tumbas del Antiguo Egipto suelen mostrar hipopótamos. Se creía que facilitaban el tránsito al más allá. Este tiene dibujos de plantas del Delta del Nilo *(ver p. 24)*.

4 *Virgen con el Niño*

El artista alemán Alberto Durero (1471-1528) pintó varios cuadros de la Virgen. Este *(izquierda)* es uno de los más famosos. Se ve a la Virgen volviéndose hacia el Niño, que sujeta el corazón de una pera.

5 *La piel*

Es el retrato más intimista de la mujer de Rubens, Elena Fourment, con quien se casó en los últimos años de su vida y cuya imagen aparece en varias de sus obras *(arriba)*. La joven representa con gracia natural a Venus, la diosa del amor.

6 Servicio de desayuno de María Teresa

Este juego de oro puro, realizado en Viena hacia 1750, perteneció a la emperatriz y está formado por unas 70 piezas, entre ellas una tetera de oro. También hay utensilios de aseo, como un espejo y una pila.

7 San Gregorio con los escribas

Talla de marfil *(izquierda)* del siglo IX, de Alemania, con san Gregorio y tres escribas.

8 Virgen de las cerezas

En la colección italiana figuran varias obras de Tiziano. En esta (1518), el vestido de la Virgen muestra las tonalidades rojo oscuro que han hecho famoso al artista.

9 Verano

El italiano Giuseppe Arcimboldo trabajó desde 1562 en la corte de Rodolfo II como retratista. Se hizo famoso por sus cabezas de frutas y verduras, que actuaban como representaciones alegóricas *(abajo)*.

Kunsthistorisches Museum

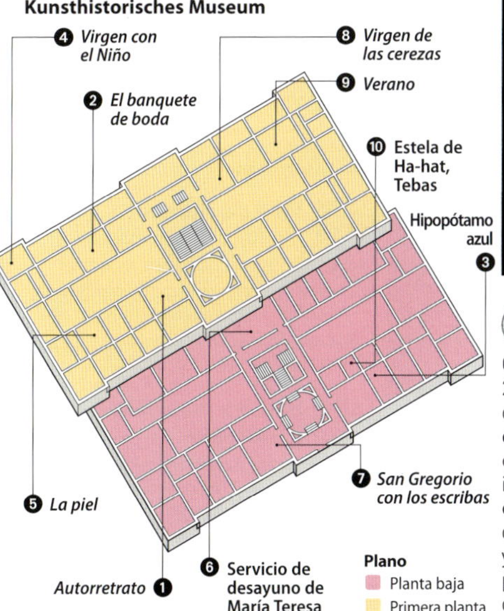

10 Estela de Ha-hat, Tebas

Cuenta con más de 2.500 años de antigüedad y muestra a Osiris entre otros dioses egipcios, alabados en las inscripciones. Fue descubierta en el interior de una tumba en Tebas y está profusamente pintada en tonos dorados, rojos y azules.

INFORMACIÓN ÚTIL

PLANO K5 ■ Maria-Theresien-Platz ■ 01 525 240 ■ www.khm.at

Horario 10.00-18.00 ma-do (hasta 21.00 ju)

Entrada: 18 € (gratis menores de 19)

■ **Las audioguías cuestan 6 € (8 € para dos personas).**

■ **No hay que perderse el asombroso suelo de mármol blanco con dibujos negros desde el café de la primera planta.**

Guía del museo

La entrada principal está en Maria-Theresien-Platz. Allí se facilita un plano. En la planta baja, a la derecha, se encuentran la colección egipcia y la de antigüedades griegas y romanas; en el ala izquierda está la magnífica Kunstkammer (Cámara de Arte y Maravillas). Las escaleras conducen a la pinacoteca, donde están algunos de los cuadros más famosos. El gabinete numismático y los dibujos de Vermeyen están en la segunda planta.

Colecciones del Kunsthistorisches

1 Dibujos de Vermeyen

Estos grandes dibujos o bocetos representan escenas y detalles de la campaña del emperador Carlos V en Túnez en 1535. Su autor fue Jan Cornelius Vermeyen (que acompañó al emperador en la campaña). Willem Pannemaker los usó para confeccionar 12 tapices que ahora están en Madrid.

Detalle de un dibujo de Vermeyen

2 Colección egipcia

Esta extensa colección muestra piezas del Reino Antiguo y del Reino Medio de la civilización egipcia. Se inició durante los siglos XIX y XX, y se fue ampliando con compras, donaciones y nuevos hallazgos de las excavaciones.

Hipopótamo azul del Antiguo Egipto

Colecciones del Kunsthistorisches

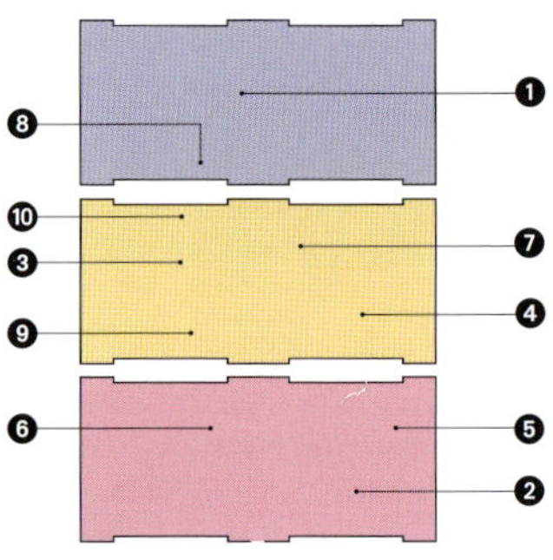

Leyenda del plano

- Planta baja
- Primera planta
- Segunda planta

3 Pintura flamenca

Muchas obras flamencas del siglo XVII fueron adquiridas por el museo gracias a los lazos familiares de los Habsburgo con esta zona de Europa. Destacan las pinturas de Rubens y Jan van Eyck.

4 Pintura española y francesa

Gracias a las conexiones familiares de los Habsburgo, la colección cuenta con varios retratos de la familia real española pintados por Diego Velázquez, como el de la infanta Margarita Teresa (hija de Felipe IV).

5 Antigüedades griegas y romanas

Esta colección, del antiguo patrimonio de los Habsburgo, contiene piezas que van desde cerámicas de la Edad del Bronce chipriota del siglo III a.C., hasta restos eslavos del siglo I d.C. aproximadamente. Es conocida en todo el mundo por tener tesoros arqueológicos y por el único camafeo de la época de las grandes migraciones y de la Alta Edad Media.

6 Kunstkammer (Cámara de Arte y Maravillas)

Esta magnífica colección, enteramente remodelada en 2013, fue obra de emperadores y archiduques del Renacimiento y el Barroco. Tiene 20 galerías y 2.200 piezas y con razón se la conoce como "el museo dentro del museo". Objetos naturales a los que se atribuían poderes mágicos rivalizan con obras maestras, como el servicio de desayuno de María Teresa o la famosa *Saliera* (almacén de sal) de Benvenuto Cellini *(ver p. 22)*.

Retrato de Jane Seymour de Holbein

7 Pintura italiana

La mayor parte de las pinturas italianas de los siglos XV al XVIII las reunió el archiduque Leopoldo Guillermo, que fundó la colección en el siglo XVII. Pertenecen casi todas al Renacimiento veneciano, con importantes obras de Tiziano, el Veronés, Canaletto y Tintoretto.

8 Gabinete numismático

Más de 700.000 monedas, medallas y billetes bancarios de tres milenios se almacenan en esta colección numismática.

Del gabinete numismático

9 Pintura alemana

La colección alemana cuenta con muchas obras del siglo XVI. Entre ellas figuran pinturas de Durero, Cranach el Viejo y Holbein el Joven.

10 Pintura holandesa

La sección holandesa (siglos XV-XVII) tiene una amplia colección de obras de Pieter Brueghel el Viejo, casi un tercio de las pinturas que se conservan de este artista.

***Tríptico de la Crucifixión* (c. 1445) de Rogier van der Weyden, colección holandesa**

Páginas siguientes *La fuente de Náyade en Schloss Schönbrunn*

TOP 10 Belvedere

El príncipe Eugenio de Saboya se ganó las medallas gracias a la liberación de Viena de 1683 y por la reconquista posterior de territorios turcos. Encargó la construcción de los dos palacios del Belvedere con el dinero que recibió como recompensa a sus victorias en la guerra de Sucesión española. Los palacios, construidos por Lukas von Hildebrandt entre 1714 y 1723 como residencia de verano del príncipe, son un magnífico exponente del barroco.

1 Belvedere Superior

Un intrincado palacio *(arriba)* construido para impresionar y nunca habitado con la mayor colección de arte austriaco del mundo, desde época medieval hasta hoy.

2 Salón de Mármol

La sala más hermosa del Belvedere Superior tiene el techo cubierto de frescos *(abajo)*. Aquí se firmó el Tratado del Estado austriaco en 1955.

3 Sala Terrena

Bajo el Salón de Mármol está la hermosa sala Terrena, con cuatro estatuas que sustentan el techo abovedado. El techo y las paredes están cubiertos de estuco blanco.

4 Belvedere Inferior

El lujoso palacio barroco que hay en estos bonitos jardines fueron aposentos y salas oficiales del príncipe Eugenio. Ahora solo acoge exposiciones especiales.

5 Galería de Mármol

Tiene nichos para ubicar estatuas clásicas. Una sala con techo estucado que canta las alabanzas del príncipe Eugenio.

6 Invernadero y caballerizas

Al lado del Belvedere Inferior, hoy un espacio de exposiciones blanco y moderno. Las caballerizas tienen ejemplos de distintos estilos pictóricos.

7 Jardín francés

Estos jardines y terrazas barrocos albergan las flores privadas del príncipe Eugenio y los jardines alpinos más antiguos de Europa.

El Belvedere

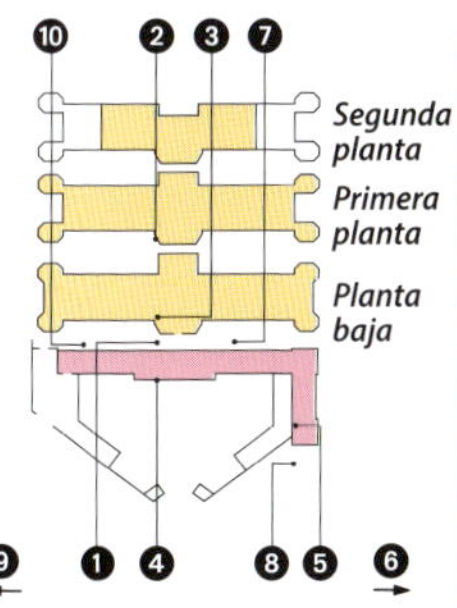

8 Gabinete dorado

Esta sala del Belvedere Inferior *(arriba)*, cubierta con espejos de marcos dorados, la preside una estatua del príncipe.

9 Belvedere 21

Este edificio modernista *(ver p. 123)* fue el pabellón de Austria en la Expo 58 (Exposición Universal de Bruselas). Se trasladó a Viena y hoy es un museo de arte contemporáneo. Tiene un interesante programa de cine y talleres.

10 Estatuas del jardín

Entre las numerosas estatuas, las más sobresalientes son las de las ocho musas y las esfinges *(derecha)*.

TRATADO DEL ESTADO AUSTRIACO

En mayo de 1955, el Belvedere Superior fue un espacio de júbilo tras la firma del tratado por parte de las cuatro potencias aliadas que habían ocupado Austria tras la Segunda Guerra Mundial. En el salón de Mármol, John Foster Dulles (Estados Unidos), Harold Macmillan (Gran Bretaña), Vyacheslav Molotov (Rusia) y Antoine Pinay (Francia) estamparon su firma en el documento que devolvía la soberanía al país. Tras ello, se mostró el tratado desde el balcón a la multitud.

INFORMACIÓN ÚTIL

Belvedere Superior:
PLANO G6; Prinz-Eugen-Strasse 27; 01 795 570; horario: 9.00-18.00 diario (21.00 vi); entrada: 18 € (gratis menores de 19 años); www.belvedere.at

Belvedere Inferior, invernadero, caballerizas:
PLANO F5; Rennweg 6; 01 795 570; horario: 10.00-18.00 diario (21.00 vi); entrada: 16 €; www.belvedere.at

Belvedere 21:
PLANO H6; Quartier Belvedere, Arsenalstrasse 1; 01 795 570; horario: 11.00-18.00 ma-do (21.00 mi y vi); entrada: 10,50 €; www.belvedere.at

■ **Hay que reservar la hora de acceso al Belvedere Superior, a excepción de los que tengan la Vienna Pass *(ver p. 85)* o una entrada de temporada.**

Obras de arte del Belvedere

1 *Napoleón cruzando los Alpes*

Jacques-Louis David pintó una representación idealizada de Napoleón (1803) cruzando los Alpes italianos sobre un corcel blanco. En realidad, Bonaparte realizó este viaje sobre una mula.

2 *Naturaleza muerta con cordero*

Esta pintura (1910), metáfora de un mundo que no encuentra su rumbo, es una de las obras más importantes de Oskar Kokoschka.

3 *Adolescencia*

La artista rusa Elena Luksch-Makowsky fue la primera mujer miembro de la Secesión de Viena. Su obra *Adolescencia* (1903), que representa la transición de la niñez a la edad adulta, es un magnífico ejemplo del estilo secesionista. También diseñó joyas de esmalte y mosaicos para la Wiener Werkstätte (taller de diseño vinculado a la Secesión vienesa).

4 Cabezas de personajes

Franz Xavier Messerschmidt fue uno de los artistas más excéntricos del siglo XVIII. Su serie "Cabezas de personajes" (1770-1783) reúne bustos en los que las expresiones faciales se exageran hasta el extremo. Destaca *Gesto deliberado.*

Obras de arte del Belvedere

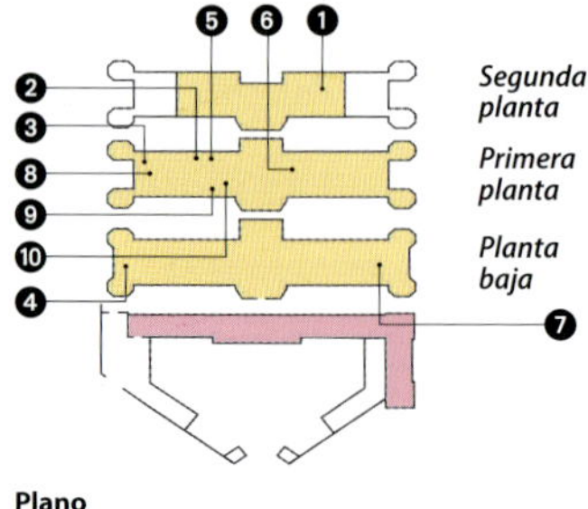

Plano

Belvedere Superior

Belvedere Inferior

***Autorretrato riendo*, de Gerstl**

5 *Autorretrato riendo*

Este autorretrato de Richard Gerstl, pintado el mismo año en el que se suicidó (1908), constituye su última y desafiante autodefinición.

6 *El chef*

Claude Monet pintó pocos retratos. Esta obra de 1882 (también llamada *Papá Paul*) muestra al famoso chef Paul Antoine Graff, dueño de un pequeño hotel de la costa de Normandía en el que se alojó Monet. La representación de este hombre de 60 años con un gorro de cocinero refleja en su expresión facial la espontaneidad.

7 *Retablo de Znaimer*

Las cubiertas interiores talladas de este magnífico tríptico (*c.*1427) muestran los acontecimientos del Viernes Santo según el Evangelio de san Mateo. Se añaden escenas tomadas de los Apócrifos.

8 *El beso*

La obra más famosa de Gustav Klimt (1909) refleja el estilo lineal y las formas orgánicas que caracterizan la obra de los secesionistas.

9 *La muerte y la doncella*

Un hombre y una mujer se aferran el uno al otro sobre una sábana encima de un terreno desigual (1915). Egon Schiele retrató sus propios rasgos en el hombre.

10 *Granja en la Alta Austria*

Aunque Klimt es más conocido por sus pinturas figurativas, el paisaje también desempeñó un papel importante en su obra. Desde 1900, pasó casi todos los veranos en Salzkammergut pintando escenas como esta (1911).

***Granja en la Alta Austria,* de Klimt**

EL MOVIMIENTO SECESIONISTA

El estilo secesionista, fundado en1897, fue una reacción contra el "historicismo" conservador de la Asociación de Artistas Austriacos, el principal sindicato artístico de Viena, próspero aún en la actualidad, y que hoy ocupa el Albertina Modern *(ver p. 59)*. El líder y primer presidente de la escisión del sindicato fue Gustav Klimt. Entre sus miembros están Koloman Moser, Josef Hoffmann, Max Kurzweil, Elena Luksch-Makowsky y Wilhelm Bernatzik. Después se incorporó el arquitecto Otto Wagner. El grupo se llamó "Secesión de Viena", cuando lo siguieron rebeliones similares en Berlín y Múnich. El secesionismo no tiene un único motivo estilístico definitorio, salvo el deseo de suprimir las influencias históricas. Su obra maestra es el Pabellón de la Secesión *(ver pp. 38-39)*.

TOP 10 ARTISTAS AUSTRIACOS DE LOS SIGLOS XIX Y XX

1 Gustav Klimt (1862-1918)

2 Kolo Moser (1868-1918)

3 Richard Gerstl (1883-1908)

4 Oskar Kokoschka (1886-1980)

5 Egon Schiele (1890-1918)

6 Maria Lassnig (1919-2014)

7 Friedensreich Hundertwasser (1928-2000)

8 Kiki Koglenik (n. 1935)

9 Christian Ludwig Attersee (n. 1940)

10 Martha Neuwirth (n. 1940)

Para elaborar su deslumbrante obra erótica *El beso,* Klimt se inspiró en los mosaicos dorados que vio mientras viajaba por Rávena y Venecia, en Italia, y plasmó la idea en el que hoy es su cuadro más conocido.

TOP 10 Karlskirche

La iglesia de San Carlos se construyó entre 1715 y 1737 en honor de san Carlos Borromeo, patrón de la lucha contra la peste, para agradecer a Dios haber librado a Viena de la epidemia que en 1713 se cobró más de 8.000 vidas. El emperador Carlos VI convocó un concurso entre los arquitectos para diseñar la iglesia, que ganó Johann Fischer von Erlach. Esta obra maestra arquitectónica cuenta con una cúpula y un pórtico de influencia clásica griega, mientras que sus dos torres son de estilo barroco romano.

1 Pinturas del altar

Los altares laterales exhiben varias pinturas; las más importantes son las del maestro Daniel Gran *(arriba)*. En la iglesia se encuentran sus famosos cuadros *La curación del enfermo de gota, Jesucristo y el capitán romano* y *Santa Isabel de Hungría*.

2 Estatua de Carlos Borromeo

Lorenzo Mattielli diseñó la estatua del patrón de la lucha contra la peste para el frontón.

3 Entrada

La fachada está flanqueada por dos portones defensivos, con un estilo similar al de los pabellones chinos, que llevan a las entradas de los lados. En el centro de la fachada está la escalinata, sobre la que hay un frontón sostenido por seis columnas *(abajo)*.

4 Frescos de la cúpula

Los frescos de Johann Michael Rottmayr representan a la Virgen rogando a la Santísima Trinidad para que libre a la población de la peste.

5 Relieves del frontón

El frontón parece la cubierta de un templo griego, y sus relieves, diseñados por Giovanni Stanetti, representan el sufrimiento durante la peste de 1713.

6 Columnas

Las dos enormes columnas de la iglesia, inspiradas en la antigua columna romana de Trajano, están decoradas con escenas de la vida de san Carlos Borromeo. La de la izquierda representa la constancia, y la de la derecha, el valor.

INFORMACIÓN ÚTIL

PLANO F4 ▪ 01 505 62 94 ▪ Karlsplatz ▪ www.karlskirche.at

Horario 9.00-18.00 lu-sá; 12.00-19.00 do y festivos

Entrada: 8 € (incluye ascensor)

▪ **Desde la cúpula se ven los frescos, así como una increíble vista de los tejados de Viena.**

JOHANN FISCHER VON ERLACH

Varios de los edificios más hermosos de Viena fueron diseñados por el arquitecto Johann Fischer von Erlach (1656-1723). Nacido en Graz, estudió en Roma y después se trasladó a Viena, donde se convirtió en arquitecto de la Corte y en uno de los maestros del barroco. Diseñó numerosas iglesias y palacios, entre ellos la Karlskirche y la iglesia de la Universidad de Salzburgo, y trazó los planos para el Schloss Schönbrunn *(ver pp. 42-45)*. Tras su muerte en Viena, su hijo concluyó las obras de la Karlskirche.

7 Altar mayor

El altar mayor barroco *(arriba)* fue diseñado probablemente por el propio Fischer von Erlach. Los relieves de estuco de Albert Camesina presentan a san Carlos Borromeo ascendiendo a los cielos sobre una nube, rodeado por una corte de ángeles y querubines.

8 Estanque y escultura de Henry Moore

El emplazamiento de la iglesia es tan impresionante como su interior. Enfrente hay un estanque con piedras sobre el que se alza una escultura de bronce de Henry Moore, que contrasta deliberadamente con el estilo barroco de la iglesia.

9 Púlpito

Dos querubines rematan el baldaquino del dorado púlpito *(derecha)*, decorado con rocalla y guirnaldas de flores.

10 Ángeles

Dos ángeles guardan la escalinata como símbolo de la fe católica. El de la izquierda *(abajo)* representa el Antiguo Testamento, y el de la derecha, el Nuevo.

Karlskirche

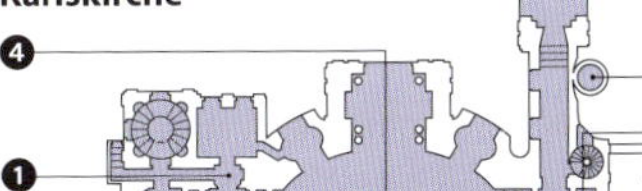

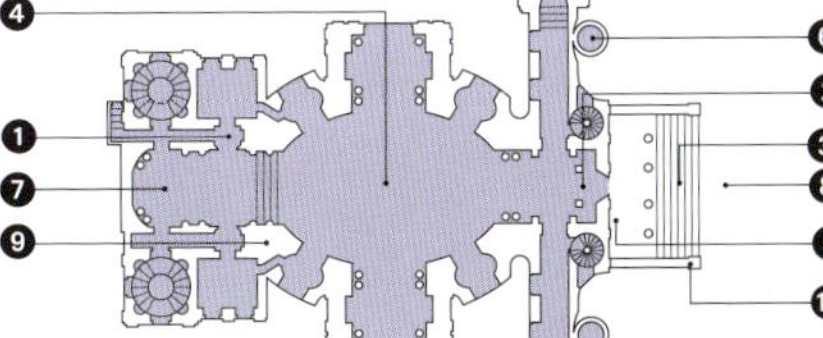

TOP 10 MuseumsQuartier

Los primeros edificios de este barrio, de hace unos 300 años y que conforman uno de los complejos culturales más vivos de Europa, fueron establos, hogar de los caballos del emperador. Los encargó Carlos VI en 1713 y los concluyó Johann Fischer von Erlach en 1725. Se transformaron en un recinto de exposición en 1918. El MQ, como se le llama, cuenta con más de 70 centros culturales de diversos estilos, tiendas y restaurantes. En verano, el patio principal está abarrotado día y noche. El aparcamiento subterráneo, el wifi gratuito y el laberinto de pasadizos que conducen a siete patios repletos de arte atraen a más de cuatro millones de visitantes al año.

1 mumok

El edificio de lava de basalto gris *(arriba)* alberga una colección de obras del siglo XX *(ver p. 59)*.

2 ZOOM

Un emocionante lugar *(abajo)* para niños de entre 8 meses y 14 años. Los niños aprenden con actividades interactivas divertidas y pintando *(ver p. 69)*.

3 Q21

El Q21, foco del arte contemporáneo aplicado de Viena, acoge numerosas iniciativas creativas dispersas por todo el MQ. Programa, entre otros, arte callejero y exposiciones diarias, así como oficinas y espacios de trabajo para artistas residentes.

4 Kunsthalle

Considerado la avanzadilla más reciente de los espacios de exposición de Karlsplatz *(ver p. 59)*, presenta con frecuencia exposiciones variadas de artistas emergentes.

9 Tanzquartie Wien

Este centro de danza conocido como TQW es el primer espacio de Austria dedicado en exclusiva al estudio y la representación de danza moderna.

6 Leopold Museum

Este museo *(arriba)* tiene la colección más grande del mundo de Egon Schiele, y también cuadros de Klimt.

7 Halle E+G

Dos salas que acogen eventos de música, danza y teatro musical. La barroca Halle E guardó caballos en otra época.

8 wienXtra-kinderinfo

Zona para menores de 13 años y centro de información para padres. Aconseja sobre actividades para niños en Viena.

10 AzW

El Museo de Arquitectura austriaco *(arriba)* tiene exposiciones, conferencias periódicas y una gran biblioteca, así como un impresionante restaurante en su interior.

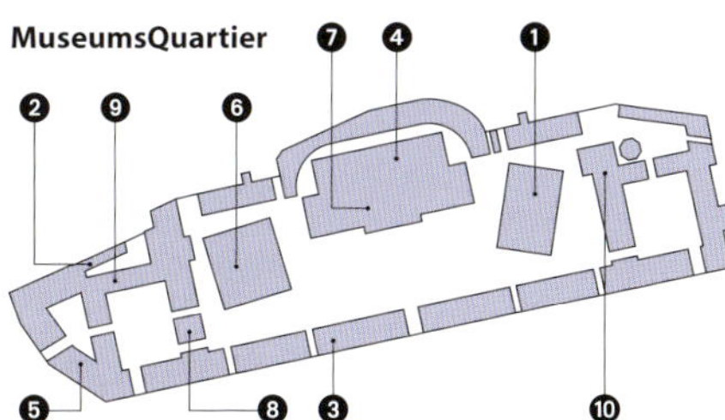

5 Dschungel

Foro de espectáculos para niños y familias de Viena: marionetas, danza, cine e, incluso, ópera, en dos auditorios.

INFORMACIÓN ÚTIL

PLANO J5 ■ Museumsplatz 1 ■ 01 523 58 81 ■ www.mqw.at

mumok: 14.00-19.00 lu, 10.00-19.00 ma-do (9.00 ju). Entrada: 15 € (gratis menores de 19). www.mumok.at

ZOOM: 8.30-16.00 ma-vi, 9.45-16.00 sá, do y festivos (jul-sep: 12.45-17.00 diario). www.kindermuseum.at

Q21: 10.00-22.00 diario. www.q21.at

Kunsthalle: 11.00-19.00 ma-do (21.00 ju). Entrada: 8€ (gratis menores de 19). www.kunsthallewien.at

Dschungel: 16.00-18.00 lu-vi. www.dschungelwien.at

Leopold Museum: 10.00-18.00 mi-lu (21.00 ju). Entrada: 15 €. www.leopoldmuseum.org

Halle E+G: 10.00-13.00 y 14.00-19.00 lu-sá. www.halleneg.at

wienXtra-kinderinfo: 14.00-18.00 ma-vi, 10.00-17.00 sá y do.www.wienextra.at

Tanzquartier Wien: 10.00-18.00 lu-vi. Entrada: 20 €. www.tqw.at

AzW: 10.00-19.00 diario. Entrada: 9 € (gratis menores de 6). www.azw.at

TOP 10 Staatsoper

La construcción de la neorrenacentista Ópera del Estado comenzó en 1861 bajo los arquitectos Eduard van der Nüll y August von Siccardsburg. Fue la primera de las grandes edificaciones de la Ringstrasse y se inauguró en 1869 con *Don Giovanni*, de Mozart. Sin embargo, el edificio no gustó al emperador Francisco José, que lo denominó "estación de tren", lo que provocó el suicidio de Van der Nüll. En 1945 fue alcanzada por los bombardeos de la Segunda Guerra Mundial y destruida casi en su totalidad. Se restauró en 1955 y es el mayor teatro de repertorio del mundo. Hay funciones 300 noches del año.

6 Gran escalinata

La magnífica escalinata de mármol *(derecha)*, decorada con frescos, espejos y lámparas, conduce al auditorio. Los arcos están decorados con estatuas de Josef Gasser, y representan las siete artes liberales: arquitectura, escultura, poesía, danza, pintura, música y teatro.

1 Exterior

Desde la Ringstrasse, este majestuoso edificio de piedra *(arriba)* lo corona el pórtico original, que sobrevivió a la Segunda Guerra Mundial.

2 Estatuas de bronce

Las estatuas de bronce situadas en los cinco arcos del pórtico, obra de Ernst Julius Hähnel (1876), son una alegoría del heroísmo, el drama, la fantasía, la comedia y el amor, vistas de izquierda a derecha.

3 Salón de té

Es una de las dependencias más hermosas; destaca su chimenea flanqueada por pilares y espejos.

4 Relieves de la ópera y el ballet

Dos relieves de Johann Preleuthner muestran los géneros que se representan en este lugar: la ópera y el ballet.

5 Auditorio

Tras su destrucción durante la Segunda Guerra Mundial, y después de mucho debatir, se decidió que el auditorio se reconstruyera con el diseño original de 1869, con tres palcos y dos anfiteatros *(abajo)*.

7 Tapices

Los nueve tapices de la sala Gustav Mahler, diseñados por Rudolf Eisenmenger, muestran escenas de *La flauta mágica* de Mozart.

BAILE DE LA ÓPERA

Lo más importante de la agenda social de Viena es el Baile de la Ópera, que se celebra cada año el último jueves del *Fasching* (carnaval). Se desmontan las butacas para hacer sitio a una pista de baile en la que la alta sociedad del país baila el vals toda la noche. El primer baile después de la guerra se celebró en 1956.

10 Vestíbulo Schwind

En este espléndido vestíbulo hay 16 óleos de Moritz von Schwind que representan escenas de óperas, como *Fidelio* (1805) de Beethoven y *El barbero de Sevilla* (1816) de Rossini. Debajo de cada obra está el busto de su compositor.

INFORMACIÓN ÚTIL

PLANO M5

■ Opernring 2 ■ 01 514 44 2250 (visitas guiadas); 01 514 447 880 (entradas) ■ www.wiener-staatsoper.at

Horario Solo para visitas guiadas de 40 min con reserva. Los horarios varían y se programan según los ensayos.

Entrada: 13 €

- **Se pueden reservar entradas para la temporada siguiente.**
- **Hay hasta 25 entradas a 15 € reservadas para menores de 16 años.**
- **Las entradas para algunas funciones cuestan 20 € para menores de 27 años.**
- **Hay entradas de pie entre 13 y 18 €; se compran 80 min antes de levantar el telón.**

8 Busto de Gustav Mahler

El busto de bronce del famosísimo compositor Gustav Mahler, director de la Staatsoper desde 1897 hasta 1907, lo hizo Auguste Rodin en 1909. Se encuentra en el vestíbulo Schwind junto con bustos de otros "directores de orquesta" de la Ópera.

9 Fuentes

Las dos magníficas fuentes *(izquierda)* que se ven a cada lado de la Ópera son obra del famoso escultor austriaco Josef Gasser (1817-1868). Representan dos mundos: la música, la danza, la alegría y la levedad a la izquierda, y a la sirena Lorelei sustentada por la tristeza, el amor y la venganza a la derecha.

TOP 10 Pabellón de la Secesión

Este gran edificio cúbico de color blanco fue diseñado por el arquitecto austriaco y cofundador de la Secesión de Viena, Josef Maria Olbrich, en 1897, como manifiesto de este movimiento artístico de finales del siglo XIX. La sala de exposiciones abrió en octubre de 1898. El edificio se quemó al retirarse las tropas alemanas de la Segunda Guerra Mundial, y la restauración comenzó poco después, en 1946. Cuando se inauguró, fue objeto de burlas que lo calificaban de "invernadero" y "almacén". Hoy es uno de los exponentes más preciados de este periodo artístico vienés.

1 Friso de Beethoven

Obra maestra del *art nouveau (arriba)*, de 34 metros de longitud, creado por Gustav Klimt en 1902 para una exposición en honor de Beethoven, narra una historia de la sinfonía no. 9 del compositor, el *Himno de la alegría*.

2 Interior

La sala de exposiciones, de forma basilical, cuenta con una nave central y dos laterales adaptables para cada exposición. Está cubierta por un techo de cristal, que baña el interior de luz constante y uniforme.

3 Lema

En la entrada figura en letras doradas el lema del movimiento secesionista: *Der Zeit ihre Kunst. Der Kunst ihre Freiheit* ("A cada época, su arte; al arte, su libertad").

4 Macetas

A cada lado de la entrada, están sustentadas por cuatro tortugas. Unos árboles añaden un toque de vegetación que suaviza las líneas del edificio *(derecha)*.

5 Estatua de Marco Antonio

La escultura de bronce del general romano en un carro tirado por leones fue obra de Arthur Strasser en 1898. Se presentó en la IV exposición del Pabellón de la Secesión y después se trasladó al exterior.

6 Cúpula

Hecha de 2.500 hojas de laurel y 300 bayas, es la obra más destacada del proyecto. El laurel simboliza la victoria, la dignidad y la pureza.

7 Fachada

Por sus amplios muros lisos, el edificio *(arriba)* parece estar construido a partir de cubos compactos.

LA SECESIÓN FEMENINA

Elena Luksch-Makowsky (1878-1967) fue el primer miembro femenino de la Secesión de Viena. Nacida en Rusia en el seno de una familia de artistas, se trasladó a Viena con su marido austriaco (el también artista Richard Luksch). Su obra se centró en sus experiencias como artista y madre, inspirándose en elementos del movimiento de la Secesión y en su educación rusa. Algunas de sus obras más famosas son *Ver Sacrum* (1901), *Adolescencia* *(ver p. 30)* y *El destino de las mujeres* (1911).

8 Elementos decorativos

El edificio está decorado con guirnaldas doradas de laurel, motivos florales y plantas que contrastan con la sencillez de la fachada. Destaca el árbol dorado situado sobre la puerta principal.

9 Arquitectura

La planta del pabellón muestra formas geométricas de base cuadrangular. Su estructura se ve suavizada por algunas curvas y elementos decorativos.

10 Cabezas de gorgonas

La entrada está decorada con las cabezas de tres gorgonas *(abajo)*, alegorías de la arquitectura, la escultura y la pintura. Los laterales muestran unos búhos, que junto con las gorgonas son atributos de Palas Atenea, diosa griega de la sabiduría, la victoria y la artesanía.

INFORMACIÓN ÚTIL

PLANO L6 ■ Friedrichstrasse 12 ■ 01 587 53 07 ■ www.secession.at

Horario 10.00-18.00 ma-do

Visitas guiadas (en inglés): 11.00 sá

Entrada: 9,50 €

■ Para tomar algo, al otro lado de la calle del Pabellón de la Secesión está el bar de vinos de moda Wien & Co Bar *(ver p. 118)*. Tras un breve paseo, se puede disfrutar de un excelente café en el Café Museum *(ver p. 118)*.

TOP 10 Hundertwasserhaus

Esta casa de cuento, inaugurada en marzo de 1986, con sus agujas, tejados verdes y fachada multicolor es uno de los lugares más visitados. Fue obra del artista austriaco Friedensreich Hundertwasser, que la diferenció de las habitualmente insulsas viviendas municipales. Hundertwasser mostró en su obra que lo práctico también puede ser hermoso. Hoy día casi 200 personas viven en los 50 apartamentos. Sus balcones y tejados ajardinados, llenos de vegetación, intentan acercar la naturaleza a los habitantes de la ciudad.

1 Fachada

La fachada de la casa *(derecha)* presenta alegres tonalidades azules, amarillas, rojas y blancas y cada color corresponde a un apartamento. Los numerosos árboles de los jardines de los tejados son muy curiosos también.

2 Entrada principal

La entrada principal, situada en la Löwengasse, es una sección abierta que lleva al patio interior del edificio. Los apartamentos que hay encima de la entrada están sustentados por unos coloridos pilares. Justo enfrente hay una bonita fuente *(arriba)*.

INFORMACIÓN ÚTIL

Kegelgasse 36–38 ■ U-Bahn Landstrasse o tranvías 1 o O ■ www.hundertwasser-haus.info

■ Los apartamentos de Hundertwasser son residencias privadas y no se pueden visitar, pero se puede disfrutar del edificio desde uno de los cafés del complejo o recorriendo las tiendas de la planta baja.

3 Torres bulbiformes

En medio del panorama urbano se alzan las dos torres bulbiformes doradas *(arriba)* que coronan la Hundertwasserhaus.

4 Ventanas irregulares

De acuerdo con la creencia de que las ventanas son el alma de una casa, las de este edificio difieren todas en forma y tamaño y están enmarcadas en colores.

5 Tejados ajardinados

Cada apartamento tiene acceso a una pequeña porción de naturaleza, ya sea en el tejado ajardinado o en los balcones, que salpican todo el edificio. Los jardines cuentan con unos 250 árboles, cuidados arbustos y césped.

6 Bandas de azulejos

Unas hileras irregulares enmarcan cada uno de los apartamentos.

7 Elementos decorativos

Está decorado con azulejos blancos, negros y dorados. Las estatuas de los balcones, los animales y plantas pintados en las paredes del pasillo y los jardines del tejado le añaden encanto.

8 Pilares

Una de las características más destacadas de la casa es la hilera de alegres y variados pilares de brillantes colores *(arriba)*. Algunos de ellos se encuentran adosados al edificio y son meramente decorativos, otros sirven para sostener la galería que recorre la primera planta del bloque.

9 Cristaleras

Las dos torres coronadas por cúpulas bulbiformes albergan la escalera principal. Gracias a sus cristaleras, disfrutan de mucha luz todo el día.

10 Zona peatonal

Los alrededores de Löwengasse son una zona peatonal, con tranquilos bancos para sentarse y hermosas farolas.

FRIEDENSREICH HUNDERTWASSER

Cuando en 1948 Friedensreich Hundertwasser (1928-2000) dejó la Academia de Bellas Artes de Viena tras solo tres meses de estudio, era difícil imaginar que se convertiría en uno de los artistas más aclamados de Austria y maestro de todo tipo de diseño. El uso de brillantes colores contrastando con el negro y el oro y el motivo decorativo de la espiral, que simboliza el comienzo y el fin de la vida, se convirtieron en sus señas de identidad. El deseo de Hundertwasser era lograr la armonía entre la naturaleza y el ser humano.

TOP 10 Schloss Schönbrunn

El palacio Schönbrunn, antigua residencia de verano de los Habsburgo, se construyó sobre un terreno que Maximiliano II adquirió en 1569, cuando era una zona boscosa de las afueras. Este bosque fue destruido durante el asedio turco de 1683, lo que dejó el terreno libre para construirlo entre 1695 y 1713 según un proyecto del arquitecto Johann Fischer von Erlach. Poco queda de los planos originales, ya que la emperatriz María Teresa ordenó rediseñar la mayor parte del interior en estilo barroco tardío o rococó. La fachada se modificó entre 1817 y 1819, cuando se pintó con su característico "amarillo Schönbrunn".

1 Gran Galería

Esta galería, de 40 metros de longitud y 10 metros de anchura *(arriba)*, muestra un impresionante diseño rococó, con altos ventanales, espléndidos espejos, arañas y estuco blanco y dorado. Se sigue utilizando para banquetes y recepciones oficiales.

2 Sala de Porcelana

Las paredes del estudio de María Teresa están cubiertas de marcos de madera azul y blanca para imitar la porcelana.

3 Salón de Laca Antigua

Este salón *(izquierda)* combina elementos rococó con arte chino: los paneles lacados muestran paisajes. Tras la muerte de su marido en 1765, María Teresa colgó retratos suyos como homenaje.

Schloss Schönbrunn

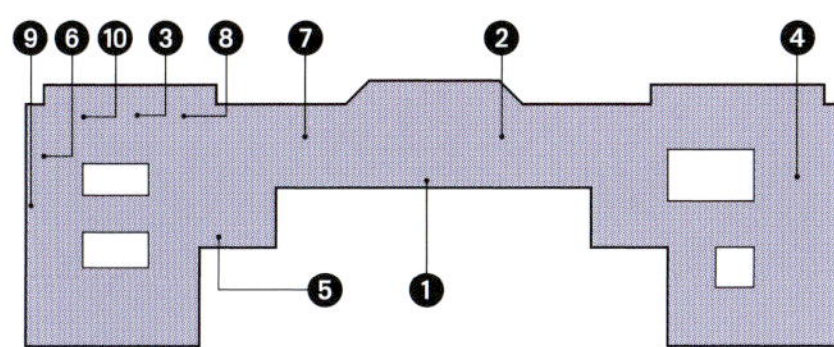

4 Salón de la emperatriz Isabel

En esta sala de recepción neorrococó cuelgan retratos del emperador José I de niño y de su hermana María Antonieta.

5 Capilla

La capilla fue remodelada en 1740 por deseo de María Teresa. El altar de mármol fue obra de Georg Raphael Donner y Paul Troger pintó el fresco *Los desposorios de la Virgen.*

6 Sala del Millón

Debe su nombre a los paneles de palisandro de las paredes, que costaron un millón de *gulden* (antiguas monedas de oro austriacas). En ellos hay miniaturas indopersas con escenas cotidianas de los reyes mogoles de la India en los siglos XVI y XVII.

8 Salón Chino azul

Decorado con tapices chinos de papel, este salón *(abajo)* fue otrora la sala del consejo del emperador Francisco I.

9 Sala de los Espejos

Con su magnífica decoración rococó en blanco y dorado y espejos de cristal, es una hermosa muestra del gusto de María Teresa. Aquí Mozart tocó el piano ante ella en una ocasión.

7 Dependencias Bergl

Johann Wenzl Bergl (1768-1777) pintó las dependencias que dan al jardín para complacer a María Teresa con encantadores paisajes *(arriba).*

10 Habitación de Napoleón

Aquí residió Napoleón durante su ocupación de Viena entre 1805 y 1809. Cuenta con tapices flamencos del siglo XVIII.

INFORMACIÓN ÚTIL

Schönbrunner Schloss Strasse 47 ■ U-Bahn 4 Schönbrunn ■ 01 811 13 0 ■ www.schoenbrunn.at

Palacio: abr-jun, sep y oct: 8.00-17.30 diario; jul y ago: 8.00-18.30 diario; nov-mar: 8.00-17.00 diario. Entrada: 22 € (22 salas), 26 € (40 salas), 24 € (con visita guiada)

Parque: 6.30-atardecer diario

Consejo, invernadero, laberinto y glorieta: 9.00-atardecer diario. Entrada: 4,50 € cada uno

Museo infantil: 10.00-17.00 diario. Entrada: 8 €

■ Dentro del complejo, el Museo infantil ofrece la posibilidad de disfrazarse de Habsburgo (www.kaiserkinder.at).

■ Los precios de las entradas para el complejo varían en función de cuántos lugares se visiten.

Guía del palacio

La puerta principal lleva al ala izquierda, donde se compran las entradas para el interior y se da un plano del palacio y los jardines. La colección de carrozas, el invernadero y el zoo quedan a la derecha *(ver pp. 44-45).* Tras el palacio se extienden los parterres barrocos.

Jardines de Schönbrunn

1 Schlosstheater

Este teatro encargado por María Teresa abrió sus puertas en 1747. La emperatriz y sus numerosos hijos actuaban en su escenario como cantantes.

2 Palmenhaus

Franz Xavier Segenschmid lo construyó entre 1881 y 1882 en acero y cristal con la tecnología más moderna. Mide 28 m y posee dos alas.

Palmenhaus del Schönbrunn

3 Ruinas romanas

Construidas en 1778, se proyectaron con el fin de realzar el prestigio y la imagen de los Habsburgo mostrándolos como los sucesores de los emperadores romanos.

4 Glorieta

Situada en la cumbre de la colina, es la construcción más sobresaliente del parque. Ferdinand Hetzendorf von Hohenberg diseñó en 1775 este neoclásico edificio porticado. Fue utilizado como comedor antes de convertirse en mirador y posteriormente en café.

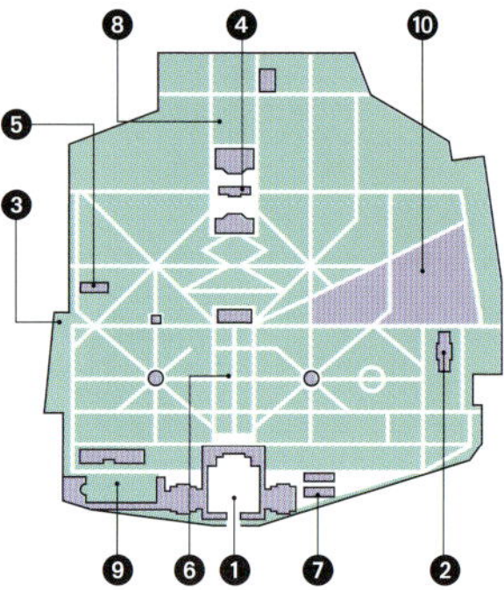

Jardines del Schloss Schönbrunn

5 Fuente

En 1619, el emperador Matías descubrió un manantial durante una cacería por la zona. En 1630 se colocó en dicho lugar una fuente y la estatua de una ninfa romana, dando así origen al nombre del palacio (*schönbrunn* significa "hermosa fuente" en alemán). Se encuentra cerca de las Ruinas romanas.

6 Estatuas mitológicas

El extenso parque está salpicado por 32 estatuas de piedra, obra de Christian Beyer entre 1753 y 1775. Representan figuras de la mitología griega y de la historia de Roma.

7 Wagenburg

Una de las piezas más importantes de la colección de carrozas es esta, construida con motivo de la coronación de José II en 1765. Se necesitaban ocho caballos para que anduviera.

Los característicos arcos de la glorieta

LA EMPERATRIZ MARÍA TERESA Y EL SCHÖNBRUNN

Gran parte de su aspecto actual data del reinado de María Teresa. Ascendió al trono en 1740, después de que su padre Carlos VI modificase las leyes de sucesión que permitieron a las mujeres gobernar en los territorios de los Habsburgo. Los primeros años de su reinado se caracterizaron por derrotas en política internacional, con la pérdida de partes de Polonia e Italia en varias guerras. Sin embargo, dejó una profunda huella en la política interior con la introducción de la educación obligatoria, un nuevo sistema administrativo y la mejora de la situación social de los granjeros. En su juventud fue impulsiva, pero tras la muerte en 1765 de su marido, Francisco I, solo vistió de luto y llevó una existencia sombría. Dio a luz 16 hijos, de los cuales 10 llegaron a adultos.

TOP 10 RESIDENTES DEL SCHLOSS SCHÖNBRUNN

1 Carlos VI (1685–1740)

2 María Teresa (1717–1780)

3 Francisco I, esposo de María Teresa (1708-1765)

4 María Antonieta pasó aquí una infancia de ensueño (1755–1793)

5 Napoleón (1769-1821) lo usó como cuartel general en 1805 y 1809

6 María Luisa, esposa de Napoleón (1791-1847)

7 Francisco José Carlos, duque de Reichstadt, conocido como Napoleón II (1811-1832)

8 Francisco José (1830–1916)

9 Isabel, esposa de Francisco José (1837–1898)

10 Rodolfo (1858–1889)

Este retrato de la emperatriz María Teresa, obra de Josef Kiss y Friedrich Mayrhofer, se pintó en 1740, año de su ascensión al trono.

8 Parque

Este parque barroco de estilo francés fue proyectado como un gran jardín de recreo por Nicolaus Jadot y Adrian von Steckhoven durante el reinado de María Teresa. Cuenta con varios elementos arquitectónicos.

9 Invernadero

Los jardines de Schönbrunn albergan el segundo invernadero barroco más grande del mundo. Se usó como hábitat de naranjos y otras plantas, así como para celebraciones imperiales.

10 Jardín zoológico

Fundado por el emperador Francisco I ya en 1752, es el zoo más antiguo del mundo y acoge unas 750 especies.

Flamencos en el zoo de Schönbrunn

Lo mejor de Viena

Detalle del altar *art nouveau* de la Kirche am Steinhof

TOP 10 Hitos históricos

1 Fundación

Los primeros asentamientos datan de finales de la Edad de Piedra (5000 a. C.). Los celtas fundaron el reino de Noricum en 200 a. C., que los romanos invadieron en 15 a. C., y donde formaron la guarnición de Vindobona en el año 100 d. C. Con la caída del Imperio romano, el control de la ciudad cambia de manos. En el 881, se registra por primera vez el nombre de "Wenia".

2 Soberanía de los Babenberg

En 976, se nombra a Leopoldo de Babenberg duque de la Marca Oriental. En 1156, Viena pasa a ser residencia principal de los Babengerg y se desarrolló como centro comercial.

Vidriera de Rodolfo I

3 Soberanía de los Habsburgo

Tras la muerte del último Babenberg y un periodo de desórdenes sociales, Rodolfo I de Habsburgo fue elegido rey en 1273. Viena se convirtió en centro del Sacro Imperio Romano Germánico y en sede de las artes, la ciencia y la música. Siguió siendo ciudad imperial de los Habsburgo hasta 1918.

4 Asedio turco

Después del intento fallido de 1529, en 1683 el ejército turco regresó. La ciudad sufrió un asedio de tres meses, pero fue liberada con ayuda de las tropas polacas. La victoria en Belgrado del príncipe Eugenio en 1717 eliminó la influencia del Imperio otomano.

5 Congreso de Viena

Tras la derrota de Napoleón en 1813, las potencias europeas se reunieron en Viena entre 1814 y 1815 para tomar decisiones territoriales. Asistieron altos cargos y hubo muchos bailes.

6 Revolución de 1848

El régimen del canciller Metternich trajo calma y riqueza cultural (1815-1848), pero el descontento provocó la expulsión de Metternich en 1848 y el nombramiento de ministros liberales.

Cuadro del incendio de Viena durante la Revolución de octubre de 1848

Fin del Imperio austrohúngaro

Con la muerte de Francisco José I en 1916, la monarquía austrohúngara perdió su nexo de unión. El sucesor, Carlos I, no fue capaz de asegurar la paz. La derrota del Imperio en la Primera Guerra Mundial provocó que los Habsburgo perdieran los territorios y la corona.

8 Primera República

En 1918, tras la Primera Guerra Mundial, surgió la República de Austria. El país pasaba dificultades económicas y políticas. El malestar social llevó a una guerra civil en febrero de 1934, a la que siguió un gobierno autoritario.

Tropas alemanas en Viena en 1938

Anschluss (La anexión)

En marzo de 1938, Adolf Hitler marchó sobre Viena y declaró Austria parte del Tercer Reich. En la ciudad hubo muchos bombardeos durante la Segunda Guerra Mundial, y muchos monumentos fueron destruidos.

10 Segunda República

En 1945, al acabar la Segunda Guerra Mundial, Viena se dividió en 4 zonas ocupadas por Gran Bretaña, Francia, Rusia y EE UU. En 1955 se fueron los últimos aliados, y en mayo Austria recuperó la soberanía al firmar el Tratado del Estado Austriaco *(ver p. 23)*.

TOP 10: PERSONAJES HISTÓRICOS

Emperatriz María Teresa

1 María Teresa
La emperatriz (1717-1780), conocida por sus firmes creencias católicas, modernizó el Imperio introduciendo varias reformas.

2 Angelo Soliman
Antiguo esclavo, Soliman (1721-1796) llegó a ser muy respetado en los círculos intelectuales de la ciudad.

3 Wolfgang Amadeus Mozart
Mozart (1756-1791), uno de los más grandes compositores del mundo con más de 800 obras, alcanzó la fama en Viena.

4 Francisco José I
Llegó al poder a los 18 años y representó al Imperio como nadie antes que él (1830-1916).

5 Emperatriz Isabel (Sisí)
La joven emperatriz Isabel (1837-1898) se casó a los 16 años con Francisco José I y fue asesinada en Ginebra.

6 Otto Wagner
Este famoso arquitecto (1841-1918) diseñó muchos de los edificios modernistas de Viena.

7 Bertha von Suttner
Bertha (1843-1914) fue la primera mujer en ganar el Premio Nobel de la Paz.

8 Sigmund Freud
Freud (1856-1939), fundador del psicoanálisis, trabajó en Viena antes de huir a Inglaterra.

9 Anna Sacher
Anna (1859-1930) relevó a su marido al frente del Hotel Sacher y lo convirtió en uno de los hoteles más famosos de Europa.

10 Gustav Klimt
Klimt (1862-1918), icono del movimiento de la Secesión de Viena, es conocido por su obra *El beso* (1908).

TOP 10 Lugares de culto

El interior neoclásico de la Griechisch-Orthodoxe Kirche

1 Griechisch-Orthodoxe Kirche

PLANO N2 ■ Fleischmarkt 13

A principios del siglo XVIII se fundó en Viena la comunidad ortodoxa griega. Tras el decreto de tolerancia del emperador José II en 1787, el arquitecto danés Theophil von Hansen construyó la iglesia Ortodoxa Griega. El edificio de rayas doradas y blancas con ventanas abovedadas, se remodeló en estilo bizantino a mediados del siglo XX.

2 Jesuitenkirche

PLANO P3 ■ Doktor-Ignaz-Seipel-Platz 1

La Jesuitenkirche, construida a principios del siglo XVII, muestra una solemne fachada que contrasta vivamente con su rico interior barroco. El emperador Leopoldo I encargó al arquitecto italiano Andrea Pozzo que diseñase sus magníficos frescos y pinturas. Pozzo también pintó una bóveda de cañón que consigue crear el efecto de una cúpula.

3 Stephansdom

La silueta de la espectacular catedral gótica de San Esteban domina el horizonte desde el centro de la ciudad *(ver pp. 12-15)*.

4 Karlskirche

Una imponente iglesia y cúpula que alterna elementos barrocos y clásicos *(ver pp. 32-33)*.

5 Votivkirche

La impresionante iglesia de piedra caliza fue construida por Francisco José en estilo neogótico entre 1855 y 1879 en agradecimiento por haber sobrevivido a un intento de asesinato en 1853 *(ver p. 102)*.

6 Michaelerkirche

PLANO M3 ■ Michaelerplatz 4-5 ■ Visitas guiadas a la cripta 11.00 y 13.00 lu-sá ■ Se cobra entrada

La corte imperial acudía en pleno a la iglesia de San Miguel, situada frente al Hofburg. Su aspecto original de estilo románico cambió con los siglos tras sufrir varios incendios. La cubierta en piedra de la torre, dañada tras un terremoto, fue reemplazada por un tejado puntiagudo en 1590. El pórtico es barroco (1724-1725), y el interior presenta arquerías románicas y un altar mayor barroco. Las criptas *(ver p. 62)* son uno de sus mayores atractivos.

7 Kirche am Steinhof

Esta iglesia *art nouveau* *(ver p. 127)*, fue obra de Otto Wagner entre 1905 y 1907 sobre los terrenos de un hospital psiquiátrico. De planta cuadrangular, con dos campanarios y cuatro ángeles sobre la puerta, está coronada por una cúpula dorada que fue cubierta de cobre en la década de 1930, pero a la que después se devolvió su color original. En el interior destacan los mosaicos de las ventanas, de Kolo Moser, y el baldaquino dorado con ángeles del altar.

Kirche am Steinhof, de estilo *art nouveau*

8 Wotruba-Kirche

Georgsgasse, esquina con Rysergasse ■ Cerrado lu-vi

Esta rara iglesia se construyó entre 1974 y 1976 según planos del escultor Fritz Wotruba, que falleció antes de que se terminara. Se compone de 157 cubos de hormigón de varios tamaños que forman un armonioso conjunto. Los espacios entre los cubos se han cubierto con paneles de cristal que dejan pasar la luz.

El curioso edificio de la Wotruba-Kirche

9 Franziskanerkirche

PLANO N4 ■ Franziskanerplatz

La iglesia de San Francisco y el monasterio anejo de la orden de los franciscanos, en la encantadora Franziskanerplatz *(ver p. 94)*, se construyeron entre 1603 y 1611 sobre un templo más antiguo. Dedicada a san Jerónimo, es la única iglesia de Viena con fachada renacentista e interior barroco. Dentro hay seis altares laterales ornamentados, un altar mayor barroco de Andrea Pozzo (1707) y el órgano más antiguo de Viena (1642).

10 Maria am Gestade

PLANO M2 ■ Salvatorgasse 12

Esta iglesia gótica construida sobre una capilla de madera la preside una esbelta fachada occidental de 33 m de altura y 10 de ancho. En la torre se alza un yelmo blanco de piedra (1394-1414) que servía de referencia a los navegantes del Danubio. En el siglo XVIII se deterioró y empleó como caballerizas en las guerras napoleónicas, pero se restauró en 1812.

TOP 10 Palacios y edificios históricos

El barroco Gartenpalais Liechtenstein

1 Gartenpalais Liechtenstein

A finales del siglo XVII, la familia Liechtenstein encargó a varios arquitectos la construcción de una residencia de verano. Este impresionante edificio barroco ha sido renovado y alberga ahora la colección privada de la familia Liechtenstein (en su mayoría, arte del XVII) *(ver p. 101)*.

2 Palais Pallavicini

PLANO M4 ■ Josefsplatz 5 ■ Cerrado al público

Construido entre 1782 y 1784 sobre el antiguo monasterio de la reina, fue el primer edificio neoclásico de Viena, imitando la arquitectura griega y romana, Su fachada luce un pórtico impresionante con cariátides de Franz Anton von Zauner. La familia Pallavicini aún vive ahí. Una parte del palacio es un centro de congresos.

3 Augartenpalais

PLANO B5 ■ Obere Augartenstrasse 1–3 ■ Cerrado al público

El palacio barroco del parque Augarten alberga hoy la escolanía de los Niños Cantores de Viena.

4 Palais Lobkowitz

PLANO M4 ■ Lobkowitzplatz 2 ■ Horario: 10.00-18.00 mi-lu ■ Se cobra entrada

Este gran palacio barroco diseño de Giovanni Pietro Tencalla, se construyó en 1685 para el conde Dietrichstein. Lo compró la familia Lobkowitz en 1753. Hoy alberga el Museo Austriaco del Teatro, con exposiciones sobre diseño de vestuario, ballet, ópera y teatro. También organiza lecturas escénicas y actuaciones en directo.

5 Palais Schönborn-Batthyány

PLANO L2 ■ Renngasse 4 ■ Cerrado al público

Este palacio, diseño de Fischer von Erlach entre 1699 y 1706, fue la residencia de la familia húngara Batthyány, que luchó para el príncipe Eugenio *(ver p. 48)*. La familia Schönborn lo adquirió en 1740, y hoy acoge conciertos clásicos.

6 Palais Ferstel

PLANO L2 ■ Strauchgasse 4 ■ Cerrado al público

Este grandioso edificio historicista se erigió entre 1856 y 1860 como almacén de divisas del Banco Nacional. Una parte es ahora el Café Central *(ver p. 98)*. A veces se utiliza para actos de gala.

Arcos dorados del Palais Ferstel

7 Dorotheum

En este palacio *(ver p. 96)* de estilo neobarroco, construido entre 1898 y 1901 por Emil Ritter von Förster, hay casas de empeño y una de las casas de subastas más grandes de Europa.

8 Palais Daun-Kinsky

PLANO L2 ■ Freyung 4 ■ Cerrado al público

El palacio más imponente del arquitecto barroco Johann Lukas von Hildebrandt (1713-1716) lo adquirió la familia Kinsky en 1784. En sus lujosas salas se celebran bodas y banquetes.

Cenas de lujo en el Palais Daun-Kinsky

9 Palais Trautson

PLANO J4 ■ Museumstrasse 7 ■ Cerrado al público

Lo construyó el conde Trautson entre 1710 y 1717 en estilo francés; en 1760, María Teresa lo convirtió en el cuartel general de la guardia. Hoy lo emplea el Ministerio de Justicia.

10 Palais Mollard-Clary

PLANO L2 ■ Herrengasse 9 ■ Cerrado al público

José II utilizó para sus veladas esta mansión barroca de cinco plantas del siglo XVII. Hoy alberga la Colección de Música de Austria y el Museo de Globos Terráqueos *(ver p. 67)*.

TOP 10: EJEMPLOS DE ESTILOS ARQUITECTÓNICOS

1 Casas romanas
PLANO L3 ■ Michaelerplatz
Las primeras casas del centro las construyeron guarniciones romanas.

2 Casa medieval
PLANO P3 ■ Schönlaterngasse 7
La Basiliskenhaus es un magnífico ejemplo de vivienda del siglo XIII.

3 Renacimiento
MAP N2 ■ Salvatorgasse 5
El pórtico de la iglesia Salvatorkapelle data de 1530.

4 Palacios barrocos
Por toda Viena se pueden ver palacios con recargada decoración barroca, sobre todo en la zona de Ringstrasse.

5 Biedermeier
PLANO N5 ■ Annagasse 11
Los frescos y arabescos son típicos del periodo Biedermeier (1815–1848).

6 Edificios *art nouveau*
Las estaciones del antiguo ferrocarril de la ciudad fueron obra de Otto Wagner en la década de 1890 *(ver p. 122)*.

7 Villa purista
Starkfriedgasse 19
La Villa Moller, simétrica, de Adolf Loos (1927-1928) refleja sus principios del uso del espacio.

8 Viviendas populares
Heiligenstädter Strasse 82–92
El inmenso edificio Karl-Marx-Hof se construyó en 1930.

9 Haas-Haus
Un edificio posmodernista cubierto en parte por espejos, diseñado por Hans Hollein en 1990 *(ver p. 97)*.

10 Gasómetro
Estos depósitos de gas *(ver p. 66)* se convirtieron en viviendas en 2001.

El edificio del Gasómetro

TOP 10 Monumentos conmemorativos

1 Monumento a Johann Strauss

PLANO P5 ■ Stadtpark, Parkring

El Stadpark *(ver p. 64)* está salpicado de estatuas de artistas y compositores, pero la estatua dorada de Johann Strauss de 1921 tiene fama de ser la más fotografiada de la ciudad. El rey vienés del vals aparece tocando el violín entre bailarines y rodeado de un arco de mármol.

Monumento a Johann Strauss

2 Tumba de Schubert

Zentralfriedhof, Simmeringer Hauptstrasse 234 ■ Tranvía 71

A Franz Schubert lo enterraron en el Währinger Friedhof el 21 de noviembre de 1828, tras su temprana muerte a los 31 años. Cuando en 1872 el cementerio cerró, sus huesos se trasladaron al Cementerio central. Allí se le concedió una tumba de honor entre las de otros compositores.

3 Monumento a Franz Schubert

PLANO Q4 ■ Stadtpark, Parkring

Franz Schubert también tiene un monumento conmemorativo en el Stadpark. Lo encargó el coro masculino Wiener Männergesangsverein a Carl Kundmann en 1872.

4 Monumento conmemorativo contra la Guerra y el Fascismo

PLANO M5 ■ Albertinaplatz/ Augustinerstrasse 8

El escultor austriaco Alfred Hrdlicka lo levantó entre 1989 y 1991 en homenaje a todas las víctimas del régimen nazi y la Segunda Guerra Mundial. Varios elementos independientes de granito del campo de concentración de Mauthausen se disponen en la plaza en la que estaba la casa Philipphof. La casa fue destruida en un bombardeo el 12 de marzo de 1945, y más de 300 personas murieron sepultadas en los escombros. En el monumento figura la Piedra de la República, con la Declaración de Independencia de Austria tallada.

5 Mariensäule am Hof

PLANO M2 ■ Am Hof

Am Hof se encuentra dominado por el monumento a la Virgen María de Balthasar Herold, realizado en bronce entre 1664 y 1667. El pedestal muestra a cuatro ángeles luchando contra cuatro animales, que simbolizan las cuatro mayores catástrofes para la humanidad en el siglo XVII: el dragón representa el hambre; el león, la guerra; el basilisco, la peste y la serpiente, la herejía.

6 Monumento a Goethe

PLANO L5 ■ Opernring/ Goethegasse

Junto al Burggarten se alza el monumento al escritor alemán Johann Wolfgang von Goethe. La estatua de bronce *(ver p. 116)*, reposa sobre un gran pedestal. La diseñó el escultor austriaco Edmund Hellmer. Cerca está la estatua a otro escritor alemán contemporáneo de Goethe, Friedrich Schiller.

Monumento a Goethe

El monumento a María Teresa, frente al Naturhistorisches Museum

Monumento a María Teresa

PLANO K5 ■ Maria-Theresien-Platz

Entre el Kunsthistorische y el Naturhistorisches se alza el monumento a María Teresa (1717-1780). Creado por el famoso escultor alemán Kaspar von Zumbusch en 1888, muestra a la emperatriz sentada y rodeada de sus ministros y consejeros, así como de compositores como Mozart y Hayden.

8 Tumba de Klimt

Hietzinger Friedhof, Maxingstrasse 15 ■ U-Bahn U4

En el cementerio Hietzinger, cerca del palacio Schönbrunn, se encuentra la tumba del artista más importante del movimiento secesionista, Gustav Klimt *(ver p. 31)*, que murió en 1918 a causa de un derrame cerebral. Su sencilla lápida muestra la reproducción de su firma.

9 Tumba de Schönberg

Zentralfriedhof, Simmeringer Hauptstrasse 234 ■ Tranvía 71

El compositor Arnold Schönberg (1874-1951), creador del dodecafonismo *(ver p. 61)*, tiene una tumba sorprendentemente moderna en forma de cubo, obra del escultor austriaco Fritz Wotruba.

10 Tumba de Mahler

Grinzinger Friedhof, An den langen Lüssen 33 ■ Tren a Grinzing

Gustav Mahler, director de la Ópera de Viena desde 1897 a 1907, fue enterrado en el Grinzinger Friedhof en 1911. Este cementerio se encuentra en un lugar tranquilo a las afueras de la ciudad. La sencilla tumba blanca de Mahler fue obra de su amigo, el arquitecto y diseñador Josef Hoffmann.

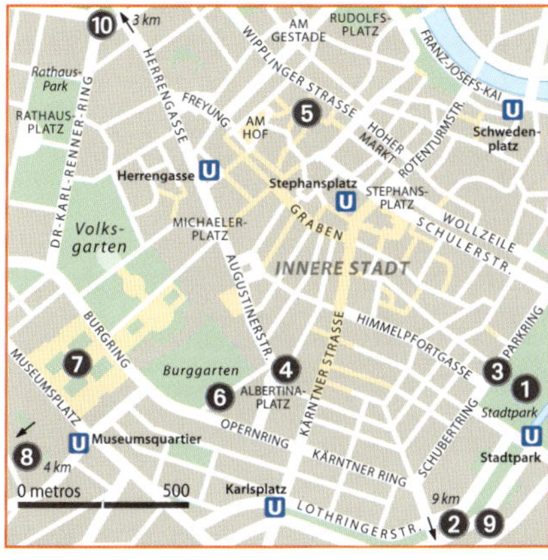

TOP 10 Museos

Fascinantes aviones expuestos en el Technisches Museum Wien

1 Technisches Museum Wien

Mariahilfer Strasse 212 ■ U-Bahn Schönbrunn; tranvía 52, 60 ■ Horario: 9.00-18.00 lu-vi, 10.00-18.00 sá y do ■ Se cobra entrada (gratis menores de19) ■ www.technischesmuseum.at

Inaugurado en 1918, alberga más de 80.000 piezas relacionadas con la tecnología, la energía y la industria pesada.

2 Museo de la Cámara y la Fotografía

PLANO E1 ■ Westbahnstrasse 40 ■ Tranvía 5, 49 ■ Horario: 11.00-19.00 diario (21.00 ju) ■ Se cobra entrada ■ www.westlicht.com

Se exponen unas 800 cámaras, entre ellas cámaras espía del KGB camufladas en cajetillas de cigarrillos o bolsos.

3 Dom Museum Wien

PLANO N3 ■ Stephansplatz 6 ■ U-Bahn 1, 3 ■ Horario: 10.00-18.00 mi-do (20.00 ju) ■ Se cobra entrada ■ www.dom museum.at

El Museo Catedralicio y Diocesano del palacio arzobispal, tiene arte religioso, incluidos manuscritos del siglo IX.

4 Mozarthaus Viena

PLANO N3 ■ Domgasse 5 ■ U-Bahn 1, 3 ■ Horario: 10.00-19.00 diario ■ Se cobra entrada ■ www.mozarthausvienna.at

Mozart ocupó un apartamento de la Figarohaus entre 1784 y 1787. Aquí compuso algunas de sus mayores obras *(ver p. 61)*, como *Las bodas de Fígaro.* Contiene exposiciones y en el primer piso el apartamento de Mozart.

5 Museum für angewandte Kunst (MAK)

PLANO Q3 ■ Stubenring 5 ■ U-Bahn 3; Tranvía 2 ■ Horario: 10.00-18.00 ma-do (22.00 ma) ■ Se cobra entrada (gratis menores de 19) ■ www.mak.at

El Museo Austriaco de Artes Aplicadas incluye en su colección famosas obras del Wiener Werkstätte, un estudio de arte y artesanía activo entre 1870 y 1956.

6 Naturhistorisches Museum

El Museo de Historia Natural *(ver p. 107)*, especialmente llamativo para padres y niños, fascina por sus curiosas colecciones y su arquitectura.

El Naturhistorisches Museum

7 Heergeschichtliches

Arsenal, Objekt 18 ■ Autobús 69A, 13A; Tranvía O, D, 18 ■ Horario: 9.00-17.00 diario ■ Se cobra entrada (gratis menores de 19 y primer do de mes) ■ www.hgm.or.at

El Museo de Historia Militar documenta la historia del ejército imperial desde el siglo XVI hasta 1918.

8 Jüdisches Museum der Stadt Wien

PLANO M4 ■ Palais Eskeles, Dorotheer gasse 11 ■ U-Bahn 1, 3 ■ Horario: 10.00-18.00 do-vi (cerrado festividades judías) ■ Se cobra entrada (gratis menores de 18) ■ www.jmw.at

El Museo Judío de la Ciudad se fundó en 1895, pero los nazis confiscaron sus exposiciones en 1938. El actual museo ocupa el Palais Eskeles y tiene biblioteca y archivo. Cerca, otro museo en la Judenplatz exhibe las excavaciones de una sinagoga medieval.

La escalera de la Haus der Musik

9 Haus der Musik

PLANO N5 ■ Seilerstätte 30 ■ Tranvía 2 ■ Horario: 10.00-22.00 diario ■ Se cobra entrada ■ www.hdm.at

En la Casa de la Música se invita a experimentar con sonidos, tocar instrumentos gigantescos o "dirigir" la Orquesta Filarmónica de Viena.

10 Wien Museum Karlsplatz

PLANO F5 ■ Karlsplatz ■ U-Bahn 1, 2, 4 ■ Horario: 10.00-18.00 ma-do y festivos ■ Se cobra entrada (gratis menores de 19 y primer do de mes) ■ Visitas guiadas gratis ■ www. wienmuseum.at

Se documenta la historia de Viena con objetos que abarcan 7.000 años.

TOP 10: MUSEOS INUSUALES

Objetos del Clownmuseum

1 Clownmuseum
Ilgplatz 7
Una colección de vistosos carteles, útiles, trajes y programas de circo.

2 Fiakermuseum
Veronikagasse 12
Un museo dedicado al carruaje vienés denominado *fiaker*.

3 Kriminalmuseum
PLANO B5 ■ Grosse Sperlgasse 24
Los crímenes más famosos de la ciudad, desde la Edad Media hasta hoy.

4 Schnapsmuseum
Wilhelmstrasse 19–21
Un museo dedicado al *schnapps*, la bebida austriaca, en una antigua destilería.

5 Uhrenmuseum
PLANO M2 ■ Schulhof 2
Relojes de todas las épocas y formas.

6 Josephinum
Colección de modelos anatómicos de cera usados para enseñar cirugía *(ver p. 102)*.

7 Pathologisch-Anatomisches Museum
PLANO B2 ■ Vienna University Campus, Spitalgasse 2
Antiguo pabellón psiquiátrico con una colección de horrores de la medicina.

8 Third Man Museum
PLANO F3 ■ Pressgasse 25
Dedicado a *El tercer hombre*, el clásico de 1949, rodado en Viena.

9 Bestattungsmuseum
El museo de las pompas fúnebres *(ver p. 67)* del *Zentralfriedhof* (Cementerio Central) expone una variedad de objetos funerarios.

10 Kaffeemuseum
PLANO H3 ■ Vogelsanggasse 36, A-10
Un pequeño museo en homenaje al café, bebida favorita de los vieneses.

TOP 10 Colecciones de arte

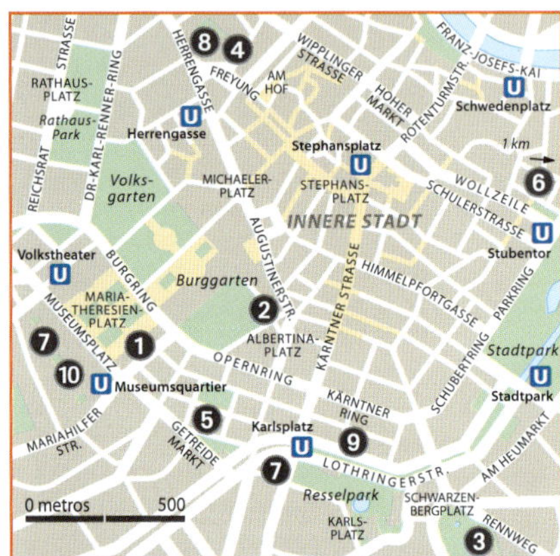

1 Kunsthistorisches Museum

Este museo alberga la impresionante colección de arte imperial, con una espléndida colección de obras de los grandes maestros antiguos *(ver pp. 22-25)*.

Interior del Albertina

2 Albertina

En este palacio se guarda una magnífica colección de artes gráficas, estudios arquitectónicos y fotografías de todas las épocas. Entre sus 65.000 dibujos y casi un millón de grabados hay obras de Durero y Klimt *(ver p. 91)*.

3 El Belvedere

Este palacio barroco *(ver pp. 28-31)* cuenta con una magnífica colección de obras de artistas austriacos, como Gustav Klimt y Egon Schiele. En el Belvedere Superior hay obras desde la Edad Media en adelante, mientras que el Belvedere Inferior alberga exposiciones temporales.

4 Kunstforum Bank Austria

PLANO L2 ■ Freyung 8 ■ Horario: 10.00-18.00 diario ■ Se cobra entrada ■ www.kunstforumwien.at

El Kunstforum, dedicado a los clásicos modernos y a sus precursores, organiza varias exposiciones importantes al año. Con muestras de artistas tan famosos como Egon Schiele, Oskar Kokoschka, Paul Cézanne, Pablo Picasso y Vincent van Gogh, es foco de atracción para los amantes del arte.

5 Colección de Arte de la Akademie der bildenden Künste

La Academia de Bellas Artes de Viena *(ver p. 115)* posee una colección de obras maestras (Galería de Pintura), así como de grabados y dibujos (Colección Gráfica). Las exposiciones temporales muestran obras seleccionadas junto a arte contemporáneo.

6 KunstHaus Wien

Untere Weissgerberstrasse 13 ■ Horario: 10.00-18.00 diario ■ Se cobra entrada ■ www.kunsthauswien.com

La única colección permanente de las obras del artista austriaco Friedensreich Hundertwasser, cuya pasión por lo irregular estuvo muy influenciada por los secesionistas vieneses, se encuentra en esta galería financiada con dinero privado. Cerca de la famosa Hundertwasserhaus *(ver pp. 40-41)*, recibe casi 200.000 visitantes al año. La fachada blanca y negra, suelos desiguales y tejados ajardinados los diseñó en 1989 el propio artista.

MuseumsQuartier, una sede del Kunsthalle

7 Kunsthalle

PLANO J5 Y PLANO F4
■ Museumsplatz 1 y Treitlstrasse 2 ■ Horario: 11.00-19.00 diario (21.00 ju) ■ Se cobra entrada ■ www.kunsthallewien.at

Especializada en arte contemporáneo, la Kunsthalle tiene dos sedes, una dentro el MuseumsQuartier *(ver p. 34)* y la otra en la Karlsplatz, lo que permite a sus responsables crear varias exposiciones temporales fascinantes. La sede de la Karlplatz, cuyo edificio es un gran cubo hecho por completo de cristal, permite ver las exposiciones desde el exterior.

8 Museum im Schottenstift

PLANO L2 ■ Freyung 6 ■ Horario: 11.00-17.00 ma-vi (16.30 sá; cerrado festivos) ■ Se cobra entrada ■ www.schotten.wien

La Abadía de los Escoceses, fundada en 1155 por unos monjes benedictinos escoceses e irlandeses, es un complejo compuesto por una iglesia, una escuela y un monasterio. Entre sus tesoros hay tapices, mobiliario y objetos litúrgicos, pero lo mejor son las pinturas paisajísticas y los retratos religiosos.

9 Albertina Modern

PLANO N6 ■ Karlsplatz 5 ■ www.albertina.at

Situada dentro de la Künstlerhaus, alberga muchas obras modernas y contemporáneas. Hay cuatro exposiciones temporales al año sobre artes gráficas o fotografía, entre otros. Algunas exposiciones han incluido obras de Jackson Pollock, Joan Mitchell, Ai Weiwei y Valie Export.

10 mumok

Su nombre oficial es Museum Moderner Kunst Stiftung Ludwig Wien *(ver p. 34)*. Es una de las mayores colecciones de Europa de arte moderno y conteporáneo, desde *pop art*, fotorrealismo, fluxus o *nouveau réalism* hasta accionismo vienés, *arte povera*, arte conceptual o minimalista. Dispuesto cronológicamente en cinco plantas, dos bajo tierra, los sábados hay visitas guiadas en inglés a las 16.00.

mumok, MuseumsQuartier

TOP 10 Compositores

1 Joseph Haydn

Junto con Mozart y Beethoven, Haydn (1732-1809) es el tercer gran compositor del periodo clásico vienés (1750-1830). Se trasladó a Viena a los ocho años y se convirtió en niño del coro de Stephansdom. En su casa de Haydngasse 19 escribió sus mejores composiciones, como el oratorio *La Creación* (1796-1798).

2 Wolfgang Amadeus Mozart

La vida de este compositor (1756-1791) está inextricablemente unida a Viena, pese a que nació en Salzburgo. Se trasladó a la ciudad en 1781 tras perder el favor de su mecenas, el arzobispo de Salzburgo. Fue aquí donde escribió sus mejores composiciones y celebró su triunfos y fracasos hasta su muerte, a los 35 años.

Partitura manuscrita de Mozart

3 Ludwig van Beethoven

Cuando Beethoven (1770-1827) dio su primer concierto en el Teatro de la Corte de Viena en 1795, ya le precedía su reputación de excelente pianista. Nacido en Bonn, se trasladó a Viena a los 22 años para recibir instrucción de manos de Joseph Haydn y de Mozart. En 1805 estrenó *Fidelio* en el Theater an der Wien *(ver p. 116)*.

Retrato de Franz Schubert

4 Franz Schubert

Franz Schubert (1797-1828) fue el decimosegundo hijo nacido en la casa familiar de Nussdorfer Strasse 54. Aunque compuso varias sinfonías, se le recuerda sobre todo por sus canciones.

5 Anton Bruckner

Bruckner (1824-1896), nacido en una pequeña ciudad al noroeste de Viena, se trasladó a la capital en 1868 tras convertirse en profesor de una escuela de música. Muy respetado en la actualidad, su música fue muy criticada por sus contemporáneos y no consiguió estrenar en vida ninguna de sus piezas.

6 Johann Strauss II

El rey del vals de Viena (1825-1899) fue el miembro más célebre de una dinastía de compositores y músicos. Escribió más de 500 piezas de baile, entre ellas *El Danubio Azul* (1867), que se convirtió en el himno no oficial de Austria. Está enterrado en el Zentralfriedhof *(ver p. 127)*.

Estatua dorada de Johann Strauss

7 Johannes Brahms

Brahms, nacido en Hamburgo en 183, se convirtió en director musical de la sociedad coral Singakademie de Viena en 1862. Dirigió la Orquesta Filarmónica de Viena tres temporadas, pero desde 1878 se dedicó de lleno a componer. Está enterrado en el Zentralfriedhof.

8 Gustav Mahler

Famoso compositor y director de orquesta, Mahler (1860-1911) escribió 10 sinfonías y ciclos de canciones a lo largo de su vida. Fue el director musical de la Ópera de la Corte (1897-1907), llevando el género a su época dorada. Sus obras, entre las que se encuentra la bellísima *Quinta Sinfonía*, son de las que más se interpretan a nivel mundial.

Fotografía de Gustav Mahler

9 Arnold Schönberg

Schönberg (1874-1951), fundador del dodecafonismo, se convirtió en uno de los compositores más famosos del siglo XX. Abandonó Viena en 1933 tras la llegada de los nazis y murió en Estados Unidos.

10 Olga Neuwirth

Neuwirth (n. 1968) es una compositora y artista visual austriaca. Sus óperas, como *Orlando*, basada en una novela de Virginia Woolf, suelen inspirarse en obras literarias. También ha colaborado con la escritora Elfriede Jelinek en la composición de óperas.

TOP 10: LA VIENA DE MOZART

1 Mozartplatz
PLANO G4
Los personajes de la ópera *La flauta mágica* se asoman a la plaza *(ver p. 65)*.

2 Tiefer Graben
PLANO M2
Residió en el nº 18 durante su primera gira de conciertos por Viena en 1762.

3 Palais Collalto
PLANO M2 ▪ Am Hof 13
Fue aquí donde en 1762, con solo seis años, dio su primer concierto en Viena.

4 Griechenbeisl
PLANO P2 ▪ Fleischmarkt 11
En una de las paredes de esta antigua posada se ve la firma de Mozart entre las de otros huéspedes.

5 Stephansdom
El 4 de agosto de 1782 se casa con Constanza Weber en la impresionante catedral de Viena *(ver pp. 12-15)*.

6 Café Frauenhuber
PLANO N4 ▪ Himmelpfortgasse 6
Mozart dio conciertos de piano en la sala de música de este café.

7 El piano de Mozart
PLANO L4 ▪ Neue Burg ▪ Se cobra entrada
Los instrumentos que se creen que tocó el mismo Mozart se encuentran en el Sammlung alter Musikinstrumente.

8 Tumba de Mozart
Fue enterrado en el cementerio de San Marx, pero se desconoce el emplazamiento de su sepultura *(ver p. 130)*.

9 Cenotafio de Mozart
Simmeringer Hauptstrasse
En 1891 se trasladó un cenotafio conmemorativo del cementerio de San Marx al Zentralfriedhof.

10 Mozarthaus Vienna
Aquí escribió Mozart su ópera más famosa, *Las bodas de Fígaro* *(ver p. 56)*.

Exterior de la Mozarthaus

TOP 10 Viena subterránea

Por las cloacas de *El tercer hombre*

1 Cloacas

3. Mann Tour: PLANO M6; Karlsplatz-Girardipark (U1, U2, U4), frente al Café Museum; visitas may-oct: 10.00-20.00 ju-do horas en punto; se cobra entrada; www.drittemanntour.at

Las cloacas de Viena se hicieron famosas en 1949 gracias a la película *El tercer hombre*, en la que a Harry Lime, interpretado por Orson Welles, le persigue la policía por ellas. Rodada en la Viena de posguerra, aún se recuerda, y varias visitas recorren los pasos de los personajes por las localizaciones icónicas de la película.

2 Römermuseum

PLANO D4 ■ Hoher Markt 3 ■ Horario: 9.00-18.00 ma-do ■ Se cobra entrada

Los restos del antiguo campamento romano de Vindobona *(ver p. 48)* se ven en este impresionante museo subterráneo. Las excavaciones muestran hallazgos arqueológicos tales como cerámica o monedas.

3 Cripta de Michaelerkirche

Alberga momias bien conservadas *(ver p. 51)*. Desde 1631 hasta 1784 se enterraron aquí cerca de 4.000 cadáveres, incluyendo los de algunos nobles, que deseaban descansar cerca del emperador, en el Hofburg.

4 Kunst im Prückel

PLANO Q3 ■ Biberstrasse 2 ■ 01 512 54 00 ■ Horario: 8.30-22.00 diario

Escondida en el sótano del centenario Café Prückel *(ver p. 98)*, está esta pequeña joya en forma de teatro ecléctico, donde se representan dramas intimistas, cabaré, conciertos y veladas literarias, dándole al barrio un ambiente mágico y extravagante.

5 Catacumbas de Stephansdom

En el siglo XVIII se clausuraron varios cementerios de Europa para evitar que las epidemias se extendiesen rápidamente entre la población. Los cementerios se realojaron bajo las iglesias, desenterrando los huesos y poniéndolos en las criptas. Las catacumbas *(ver p. 13)* de la Stephansdom se construyeron cuando Carlos VI decretó cerrar el camposanto de la

La colección del Römermuseum

catedral en 1732. Están los huesos de unas 11.000 personas. Hoy cuesta imaginar la Stephansplatz salpicada de tumbas.

6 Virgilkapelle

PLANO N3 ■ Estación de U-Bahn de Stephansplatz ■ Horario: 10.00-18.00 ma-do y festivos ■ Se cobra entrada ■ www.wienmuseum.at

La gran capilla gótica de San Virgilio no fue descubierta hasta la década de 1970, cuando se construyó la línea U1 del metro, tras haber estado bajo tierra 200 años. Construida en el siglo XIII, se usó como cementerio hasta el siglo XIV, cuando un mercader vienés la convirtió en su cripta privada.

7 Cabaret Fledermaus

PLANO M3 ■ Spiegelgasse 2 ■ Horario: 9.00-18.00 mi-lu ■ Se cobra entrada

Una escalera desciende hasta el Cabaret Fledermaus, llamado así por los murciélagos *(Fledermäuse)* que vivían en las bodegas de Viena en la Edad Media. Se pone música retro, pero también hay noches con otros géneros, algunas con entrada gratis.

8 Augustinerkirche

PLANO M4 ■ Augustinerstrasse 3 (entrada por Josefsplatz) ■ Horario: 8.00-18.00 diario ■ Se cobra entrada

La iglesia gótica de San Agustín se construyó en 1327. Aquí se han celebrado muchas bodas imperiales, pero se conoce por su Herzgruft (cripta de los corazones), que guarda los corazones de los emperadores de Austria.

9 Kapuzinergruft

PLANO M4 ■ Tegetthoffstrasse 2 ■ Horario: 10.00-18.00 diario ■ Se cobra entrada

La cripta bajo la Kapuzinerkirche (iglesia de los Capuchinos) la construyó la emperatriz Ana en 1618, y fue lugar de enterramiento de los Habsburgo durante más

Kapuzinergruft, tumba de los Habsburgo

de 350 años. Aquí descansan 12 emperadores y 19 emperatrices entre 140 cuerpos de la élite. Pero se les sacaron los corazones y se enterraron en cofres de plata en la cripta de la Augustinerkirche, mientras que los intestinos reposan en urnas de cobre en las catacumbas de Stephansdom.

10 Bodegas

En la Edad Media, muchas casas de Viena tenían tantos pisos bajo tierra como encima. En las bodegas había vino, verduras y otros bienes. Este laberinto subterráneo estaba conectado por túneles. Todavía hay algunos restaurantes "Keller", como el Rathauskeller en Wipplingerstrasse 8 y el Esterhazykeller de Haarhof 1.

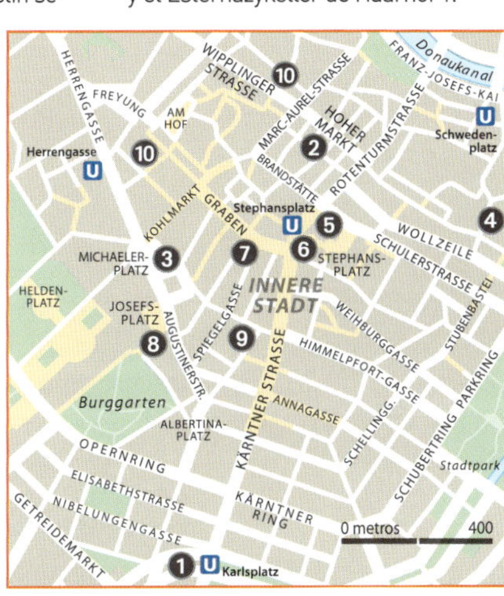

TOP 10 Parques y jardines

1 Stadtpark

PLANO P5 ■ Parkring

El parque más antiguo de Viena, dividido por el río Wien, fue diseñado en 1862 para crear un paisaje artificial, con caminos que serpentean, dejando a su paso estanques y hermosos arriates de matorrales y flores. Pero es famoso por su monumento al rey del vals, Johann Strauss *(ver p. 54)*.

2 Augarten

PLANO A5 ■ Obere Augartenstrasse 1

El jardín barroco más antiguo de Viena, abierto al público desde 1775, es un oasis de tranquilidad. Dentro de este parque está el excelente museo y manufactura de la porcelana de Augarten *(ver p. 66)*, y una torre antiaérea de la Segunda Guerra Mundial.

3 Burggarten

PLANO L5 ■ Josefsplatz 1

Este hermoso jardín inglés se extiende detrás de la Biblioteca Nacional y suele estar lleno de gente tomando el sol en verano. En su invernadero estilo *art nouveau*, de 1901, hay un elegante café-bar y restaurante.

4 Jardines de Schönbrunn

Los hermosos jardines del palacio Schönbrunn *(ver pp. 42-45)* cuentan con estanques, fuentes y un laberinto.

El Volksgarten, en flor

5 Volksgarten

PLANO K3

Este jardín entre el Burgtheater y la Heldenplatz es muy popular a la hora de comer entre los estudiantes y los trabajadores de la zona. Sus hermosos parterres de rosas florecen espectacularmente cada primavera. La réplica del templo de Teseo de Atenas acoge exposiciones temporales.

6 Prater

Prater, 1020

Este antiguo coto de caza imperial del siglo XVIII, cuyo nombre completo es Wurstelprater, es hoy un parque conocido como el Prater *(ver p. 85)*. En 2016 cumplió 250 años abierto al público. Cuenta con paseos arbolados, atracciones de feria, puestos de comida, una noria y dos hipódromos.

Los jardines de Schönbrunn

Alpengarten im Belvedere

Tendido en 1803 por el archiduque Juan de Habsburgo, es el jardín alpino más antiguo de Europa y forma parte del Belvedere *(ver pp. 28-29)*. En el diminuto jardín silvestre, además de en los jardines más formales, hay más de 4.000 plantas, entre ellas una colección de bonsáis.

Rathauspark

PLANO K2

Situado frente al ayuntamiento, rebosa actividad todo el año con diversos festivales, desde el mercado de Navidad y la pista de patinaje sobre hielo en invierno a los festivales de cine y música en verano. Su paisaje se complementa con varios monumentos, fuentes y maravillosos árboles centenarios.

Tiroler Garten

Schloss Schönbrunn

El archiduque Juan admiraba tanto el paisaje y la arquitectura tirolesa que en el siglo XIX ordenó reservar una zona del parque con su paisaje alpino natural. Cuenta con una casa de estilo alpino, una granja y un huerto.

10 Sigmund Freud Park

La zona verde que va desde la Universidad de Viena hasta la Votivkirche está llena de estudiantes y excursionistas los días de verano. Un círculo de árboles diferentes entre sí, alrededor de una mesa y unas sillas de granito, representa a los miembros de la Unión Europea *(ver p. 104)*.

TOP 10: FUENTES

La fuente Neptunbrunnen

1 Neptunbrunnen
Neptuno se alza sobre unas cascadas en el palacio Schönbrunn *(ver pp. 42-45)*.

2 Mozartbrunnen
PLANO F4 • Mozartplatz
Esta delicada fuente Jugendstil muestra escenas de la ópera *La flauta mágica*.

3 Hochstrahlbrunnen
PLANO F5 ▪ Schwarzenbergplatz
Esta inmensa fuente construida en 1873 se ilumina en las noches de verano.

4 Vermählungsbrunnen
PLANO N2 ▪ Hoher Markt
Josef Emanuel von Erlach construyó esta fuente de mármol y bronce en 1732.

5 Andromedabrunnen
PLANO M2 ▪ Ayuntamiento viejo, Wipplingerstrasse 8
Esculpida por Georg Raphael Donner en 1741, muestra a Andrómeda en las fauces de un monstruo marino.

6 Pallas Athene Brunnen
PLANO K3 ▪ Dr-Karl-Renner-Ring 3
Sobre esta fuente se alza una estatua de la diosa griega de la sabiduría.

7 Danubius Brunnen
PLANO M5 ▪ Albertinaplatz
Esta fuente, parte de la Albertina, presenta relatos del Danubio.

8 Michaelerplatz Brunnen
PLANO L3
Esta plaza tiene fuentes de Hofburg , Macht zu Lande y Macht zur See.

9 Schutzengelbrunnen
PLANO F4 ▪ Rilkeplatz
Un ángel protege a unos pequeños dragones que escupen agua.

10 Fuente Yunus Emre
Türkenschanzpark ▪ Tranvía 41
De estilo morisco con hermosos azulejos y una inscripción dorada, regalo de Turquía.

TOP 10 Rutas menos frecuentadas

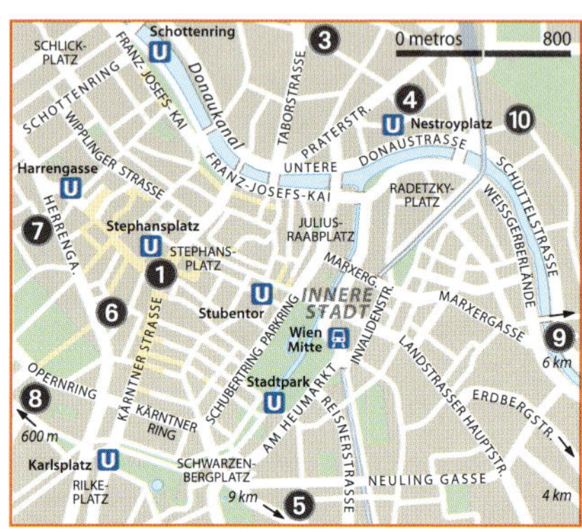

1 Stock im Eisen

PLANO N3 ■ Esquina de Graben y Kärntner Strasse, Stephansplatz

En la Edad Media se clavaban clavos en los árboles para pedir buena suerte; los clavos eran valiosos y el árbol se ofrecía a Dios. En la esquina del asombroso Palais Equitable se ve a través de un cristal parte de uno de estos árboles de 600 años.

2 Whoosh Wien

■ www.whoosh.wien

Este grupo orientado a la comunidad le rinde tributo a la Viena moderna en toda su extensión. Ofrece paseos alternativos, incluyendo los que se adentran en patios secretos, altas torres y los edificios más feos de la ciudad.

3 Manufactura y Museo de la Porcelana de Augarten

PLANO B6 ■ Obere Augartenstrasse 1 ■ U-Bahn U2 ■ Horario: 10.00-17.00 lu-sá; visitas a la manufactura: 11.30 lu-ju ■ www.augarten.com

Este fascinante museo recorre la historia de la porcelana de Viena, con piezas de la manufactura imperial (1718-1866) y su sucesora, Augarten (fundada en 1923).

4 Apartamento de Johann Strauss

PLANO C6 ■ Praterstrasse 54 ■ U-Bahn U1 a Nestroyplatz ■ 01 214 01 21 ■ Horario: 10.00-13.00, 14.00-18.00 ma-do y festivos

Situado en Leopoldstadt, este apartamento fue hogar del compositor austriaco Johann Strauss II de 1863-1870. Aquí compuso, entre otros, el famoso vals *El Danubio azul,* himno oficioso del país. Entre las piezas hay manuscritos, muebles y un valioso violín Amati.

Apartamento de Johann Strauss

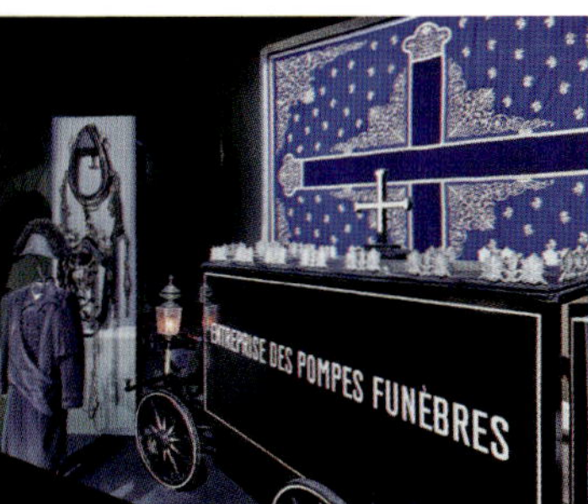

Piezas del Bestattungsmuseum

5 Bestattungsmuseum

Simmeringer Hauptstrasse 234 ■ Autobús 106; tranvía 71 ■ 01 760 67 ■ Horario: mar-nov: 9.00-16.30 lu-vi, 10.00-17.30 sá; dic-feb: 10.00-16.30 lu-vi ■ www.bestattungsmuseum.at

Este peculiar museo atestigua la tradición funeraria vienesa, de la que esta se enorgullece. Está en el segundo cementerio más grande de Europa y contiene una macabra colección de ataúdes con sus portadores, cráneos y demás rarezas en homenaje a las pompas fúnebres.

6 Escuela de baile Elmayer

PLANO M3 ■ Bräunerstrasse 13 ■ 01 512 71 97 ■ Horario: 15.00-20.00 diario (cerrado festivos escolares) ■ Se cobra entrada ■ www.elmayer.at/en

Si se quiere dominar el vals vienés, hay que reservar una clase en la Escuela de Baile Elmayer. Al cabo de 50 minutos de enseñanza con un tutor profesional, se lograrán giros a 180 pulsaciones por minuto. Hay que llamar para las lecciones privadas.

7 Museo de los Globos terráqueos

PLANO L2 ■ Palais Mollard, Herrengasse 9 ■ 01 534 10 700 ■ Horario: jun-sep: 10.00-18.00 diario; oct-may: 10.00-18.00 ma-do (21.00 ju) ■ Se cobra entrada ■ www.onb.ac.at

Se dice que es el único del mundo dedicado a ellos. Los más de 600 globos terráqueos y celestes maravillan; algunos tienen el tamaño de una persona adulta.

8 Damage Unlimited

PLANO G3 ■ Mariahilfer Strasse 23–25 ■ 0676 668 18 61 ■ Horario: 11.00-19.00 lu-sá ■ www.damage-town.com

La respuesta de Viena a Comic-Con; aquí se puede jugar a juegos de mesa antiguos o a juegos de acción en primera persona. Hay que buscar a la gente de *cosplay* (juego de disfraces).

9 Playas de verano

Horario: may-sep diario

Pocos saben que hay una buena colección de playas. Para tomarse un respiro en las playas artificiales de la ciudad basta con llevar un pícnic, protector solar y bañador a una de la media docena de lugares disponibles en el Donaukanal.

Relax en una de las playas de Viena

10 República de Kugelmugel

Antifaschismusplatz 2, Wiener Prater ■ U-Bahn U2

Para visitar esta república no hace falta pasaporte, pues esta micronación soberana autoproclamada es una inusual casa con forma de sala de baile situada en el Prater *(ver p. 85)*. Obra del artista austriaco Edwin Lipburger en 1971, se declaró república en 1976 cuando Lipburger lidió con las autoridades por los permisos. Llegó a acuñar sus propios sellos.

TOP 10 Viena para niños

Una escena de *La flauta mágica* de Mozart en el Marionettentheater

1 Marionettentheater Schönbrunn

Hofratstrakt, Schloss Schönbrunn ■ U-Bahn 4 Schönbrunn ■ 01 817 32 47 ■ Se cobra entrada ■ www.marionettentheater.at

El teatro de marionetas del teatrillo de la corte de Schönbrunn ofrece actuaciones que gustan a niños y mayores por igual. La pieza maestra del repertorio es su versión de *La flauta mágica* de Mozart, con Tamino vestido de plumas y una malvada serpiente.

Niños en el Technisches Museum

2 Technisches Museum Wien

En el Museo de la Técnica de Viena *(ver p. 56)*, una zona especial de aventuras dedicada a los niños de entre dos y ocho años (aunque los más mayores también lo disfrutan) les permite interactuar con la ciencia detrás del transporte terrestre, marítimo y aéreo, y explorar el espacio exterior. El museo tiene un calendario lleno de actividades y una guardería con talleres gratuitos. Lo más buscados son los talleres del "laboratorio loco".

3 Haus des Meeres

PLANO F2 ■ Esterhazypark ■ 01 587 14 17 ■ Horario: 9.00-18.00 diario (21.00 ju) ■ Se cobra entrada ■ www.haus-des-meeres.at

Peces y reptiles de todos los lugares han encontrado hogar en esta antigua torre antiaérea del Esterhazypark. Se puede viajar desde el gélido mar del Norte hasta los grandes arrecifes de coral australianos. Los niños se lo pasan en grande viendo dar de comer a tiburones y pirañas en la "piscina amazónica".

4 Hütteldorfer Bad

Linzer Strasse 376 ■ U-Bahn 4 Hütteldorf ■ 01 416 38 20 ■ Horario: 8.00–21.00 diario ■ www.wien.gv.at/freizeit/hallenbaeder

Esta piscina municipal ofrece atracciones para los niños, como toboganes, cañones de agua y minipiscinas infantiles. En verano, se abre una gran zona de juegos en el exterior.

5 Schloss Schönbrunn

En el Museo infantil del recinto los pequeños ven cómo se vivía en el palacio imperial desde la perspectiva de un niño *(ver p. 43)*. Ven a los panaderos preparando pasteles y dulces en el obrador de la Corte, que después pueden probar recién salidos del horno.

6 Jardín zoológico de Schönbrunn

Este zoo, el más antiguo del mundo, alberga todo tipo de animales, desde elefantes y reptiles hasta mariposas. La mayor parte habita en recintos de estilo barroco *(ver p. 45)*.

7 Schmetterlinghaus

PLANO L5 ■ Burggarten, Burgring ■ Horario: abr-oct: 10.00-16.45 lu-vi, 10.00-18.15 sá, do y festivos; nov-mar: 10.00-15.45 diario ■ Se cobra entrada ■ www.schmetterlinghaus.at

Este enorme invernadero *art nouveau* tiene más de 150 especies de mariposas y polillas tropicales en un hábitat que reproduce su entorno natural.

8 Parque de Schönbrunn

Bonito parque con dos laberintos: Irrgarten, de estilo francés, sigue el trazado original del siglo XVIII, y el camino entre los setos lleva a una plataforma maravillosa en el centro con vistas de toda la zona. El otro tiene una zona de juegos, un caleidoscopio gigante, postes para trepar y acertijos *(ver p. 45)*.

9 Riesenrad

Prater 90 ■ U-Bahn Praterstern ■ 01 729 54 30 ■ Horario: may-ago: 9.00-24.00 diario; sep-abr: los horarios varían, consultar la página web ■ Se cobra entrada ■ www.wienerriesenrad.com

La noria gigante del Prater *(ver p. 64)* tiene más de cien años y ofrece una vista fantástica de los tejados de la ciudad. El pequeño museo situado en la entrada, que cuenta la historia de la noria y la ciudad en una de las cabinas rojas antiguas, es imprescindible.

Ejercitando la creatividad en el ZOOM

10 ZOOM

Diseñado exclusivamente para niños, es un magnífico lugar para investigar, descubrir y aprender jugando. Cuenta con objetos que los niños que comienzan a andar pueden manipular, cocinas para los más mayores y la posibilidad de acercarse a nuevas situaciones que les ayudan a comprender el mundo que los rodea. Se recomienda reservar *(ver p. 35)*.

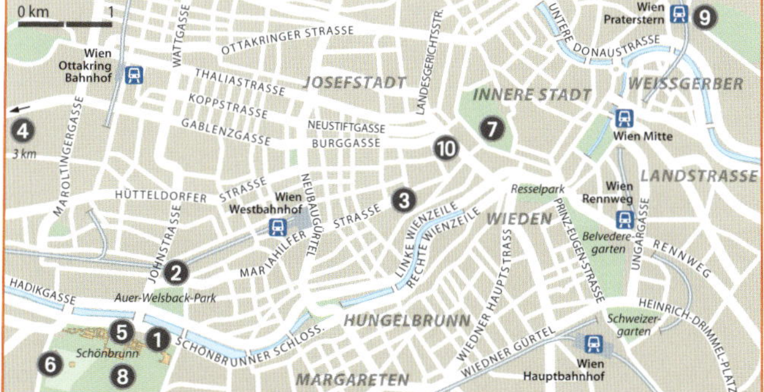

TOP 10 Teatros

El suntuoso interior del Volkstheater

1 Volkstheater

Desde que se construyó en 1889, el Volkstheater, o Teatro del Pueblo *(ver p. 107)*, ha estado orientado a difundir la literatura clásica y moderna a una audiencia más amplia. Con casi 1.000 butacas, es uno de los más grandes del mundo germanoparlante.

2 Rabenhof

Rabengasse 3 ■ U-Bahn U3 ■ www.rabenhoftheater.com

Este edificio se construyó en los años veinte como casa de protección oficial para los trabajadores. En el sótano se montó una sala de asambleas con un comedor social que se transformó en teatro entre 1987 y 1992. Hoy en día, el repertorio del teatro incluye con obras modernas, comedias y otras representaciones.

3 Akademietheater

PLANO P6 ■ Lisztstrasse 1 ■ www. burgtheater.at

El Teatro de la Academia forma parte del edificio de la Konzerthaus *(ver p. 73)*. En su origen sirvió como escenario de ensayos para la cercana Academia de la Música y las Artes Escénicas, pero en 1922 se convirtió en la sala menor de la compañía de teatro del Burgtheater. Se representan principalmente obras clásicas modernas.

4 Kasino am Schwarzenbergplatz

PLANO F5 ■ Schwarzenbergplatz 1 ■ www. burgtheater.at

Este teatro pequeño e íntimo en el antiguo comedor de oficiales del ejército imperial se adaptó como escenario del Burgtheater en la década de 1990. Su programa incluye obras contemporáneas, a menudo seguidas de charlas con los actores.

5 Raimund Theater

Wallgasse 18–20 ■ U-Bahn U6 ■ www. musicalvienna.at

Debe su nombre al dramaturgo y actor austriaco Ferdinand Raimund (1790-1836), ya que se inauguró en 1893 con una de sus obras. Tras una época solo con operetas, se renovó y modernizó, y hoy ofrece musicales.

Una función en el Raimund Theater

6 Theater in der Josefstadt

PLANO D2 ■ Josefstädter Strasse 26 ■ www.josefstadt.org

Este teatro, construido en 1788 por Josef Kornhäusel, fue totalmente reconstruido en 1822 y reinaugurado con una pieza musical de Beethoven compuesta para la ocasión.

7 Kammerspiele

PLANO P2

■ **Rotenturmstrasse 20**

■ **www. josefstadt.org**

Este teatro de 515 butacas se construyó en 1910. Al principio se le conocía como el Residenztheater, y su estrecha conexión con el Theater in der Josefstadt hace que los actores actúen con frecuencia en distintas obras en ambas salas. Su programación está compuesta por comedias exclusivamente.

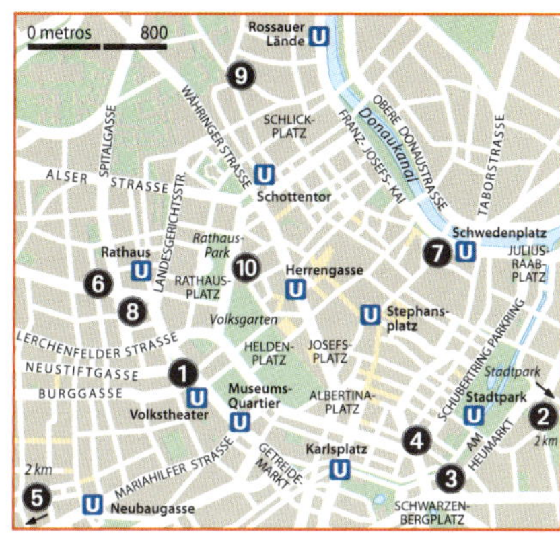

8 Teatro inglés de Viena

PLANO D2 ■ **Josefsgasse 12**

■ **www.englishtheatre.at**

Este teatro se fundó en 1963 y es el más antiguo de habla inglesa de la Europa continental. Dedicado en un principio a actuaciones de verano para turistas, enseguida amplió su programación a todo el año. El éxito de sus producciones ha atraído a su escenario a artistas internacionales de la talla de Anthony Quinn y Judi Dench.

9 Schauspielhaus

PLANO B3 ■ **Porzellangasse 19**

■ **www.schauspielhaus.at**

La Schauspielhaus tiene un programa ecléctico que abarca desde recitales literarios y operetas hasta obras teatrales contemporáneas. Desde su fundación, en 1978, ha sido escenario de varios estrenos no solo austriacos, sino a nivel internacional, sobre todo de las obras del dramaturgo húngaro George Tabori (1914-2007). También acoge varias producciones del Wiener Festwochen, el festival más importante de Viena *(ver p. 86)*. Su pequeño tamaño permite a los espectadores disfrutar de los actores de cerca.

10 Burgtheater

El Teatro de la Corte es uno de los más importantes del mundo germanoparlante, y la elección de su director siempre desencadena pasiones políticas y culturales. Sus estrenos de obras clásicas y modernas son analizados al detalle por el público, provocando fuertes reacciones tanto a favor como en contra *(ver p. 93)*.

El Burgtheater de Viena

TOP 10 Escenarios musicales

Concierto de gala en la Sala Dorada del Musikverein de Viena

1 Theater an der Wien

Este imponente e histórico teatro, que durante años ha representado musicales, ahora es de nuevo un escenario solo de óperas *(ver p. 116)*.

2 Ronacher

PLANO N4 ■ Seilerstätte 9 ■ www.musicalvienna.at

El Ronacher original, de 1870, representaba tragedias y comedias. Tras incendiarse, los arquitectos Fellner y Helmer lo reemplazaron por un teatro de variedades. Abandonado tras la Segunda Guerra Mundial, reabrió en 1988 con el musical de gran éxito *Cats*.

Representación de *Cats* en el Ronacher

3 Musikverein

Los conciertos públicos se iniciaron en Viena con la fundación de la Sociedad de Amigos de la Música en 1812; hasta entonces, eran solo para aristócratas. Esta inmensa sala de conciertos *(ver p. 121)* la encargó dicha sociedad en 1869, después de que varios locales se hubiesen quedado pequeños, con la idea de promover la música en todas sus facetas. Hasta 1909 también era propietaria de una escuela, en la que enseñaron compositores como Anton Bruckner y estudiaron músicos como Mahler *(ver p. 61)*. Esta institución es la predecesora de la Academia de la Música.

4 RadioKulturhaus

PLANO G5 ■ Argentinierstrasse 30a ■ www.radiokulturhaus.orf.at

Programa conciertos de jazz y música clásica, lecturas literarias y películas. La mayoría de sus conciertos se retransmite a través de la cadena Ö1 de radio.

5 Porgy & Bess

PLANO P4 ■ Riemergasse 11 ■ www.porgy.at

Uno de los mejores clubes de jazz, dedicado sobre todo al jazz moderno. Además de actuaciones de artistas conocidos, da oportunidades a jóvenes talentos.

6 Jazzland

Este club tradicional de jazz fundado en 1972 *(ver p. 97)* ha visto pasar a artistas nacionales e internacionales por su escenario del sótano. También celebra importantes eventos durante el festival anual JazzFloor.

7 Volksoper

PLANO A2 ■ Währinger Strasse 78 ■ www.volksoper.at

La "Ópera del Pueblo" abrió en 1898, cuando un grupo de industriales reunió fondos para celebrar los 50 años en el trono de Francisco José. La fachada permanece intacta. Hay operetas y danza.

8 Staatsoper

En una ciudad tan unida a la música clásica, un recorrido por la espectacular Ópera del Estado *(ver pp. 36-37)* es una visita obligada.

Grandioso interior de la Staatsoper

9 Kammeroper

PLANO P2 ■ Fleischmarkt 24 ■ www.theater-wien.at

Se fundó en 1954 y está destinada a promover voces jóvenes. Las cinco producciones anuales son de ópera clásica y barroca, y alguna contemporánea.

10 Konzerthaus

PLANO P6 ■ Lothringerstrasse 20 ■ www.konzerthaus.at

Esta sala de conciertos se inauguró en 1913. Obra de Ferdinand Fellner y Hermann Helmer, tiene clara influencia del estilo *art nouveau*. Cuatro auditorios, más de 3.100 butacas y un programa muy diverso, para amantes de todos los géneros.

TOP 10: DISCOTECAS

Interior del Volksgarten

1 Volksgarten
Ofrece toda música imaginable entre el tango y el blues *(ver p. 97)*.

2 B72
Hernalser Gürtelbogen 72-73 ■ U-Bahn U6
Moderno club en un pasaje de la línea U6 que ofrece música electrónica.

3 U4
Schönbrunner Strasse 222 ■ U-Bahn U4
Celebra noches temáticas que van del boogie y hip hop al rock clásico.

4 Eden Bar
PLANO N4 ■ Liliengasse 2
Un bar de vinos, popular punto de encuentro de la alta sociedad vienesa.

5 Rhiz
U-Bahnbögen 37 ■ U-Bahn U6
También en un pasaje del metro, tiene música electrónica todos los días.

6 Flex
PLANO B4 ■ Augartenbrücke
Club subterráneo junto al río con un animado ambiente indie y electrónico.

7 Chelsea
Lerchenfelder Gürtel, U-Bahnbögen 29-30 ■ U-Bahn U6
Bandas en directo y música indie bajo la línea U6 del metro.

8 Qulture Club
PLANO A2 ■ U-Bahn U6 ■ Untergrund-bahnbögen 181-182
El sitio perfecto para bailar hip hop y *urban*, con música afro los domingos.

9 Arena
Baumgasse 80 ■ Bus N75
Desde punk a música indie.

10 Titanic
PLANO F3 ■ U-Bahn U2 ■ Theobaldgasse 11
Dos plantas con música disco de siempre, tecno y electrónica.

TOP 10 Comida vienesa

1 *Zwiebelrostbraten*

Este plato consiste en filetes muy finos de añojo asado servidos con aros de cebolla fritos y patatas asadas o en puré. Una variante es el *vanillerostbraten,* cuando la carne se sazona con ajo.

2 *Leberknödelsuppe*

Los austriacos son muy aficionados a las sopas, y el almuerzo o la cena a menudo comienza con un ligero caldo de carne. Esta variante, servida con bolitas de hígado, es sin duda la mejor de las sopas austriacas.

3 *Frankfurters*

Por toda la ciudad hay *würstelstand,* puestos que venden salchichas para llevar. Fue el carnicero Johann Georg Lahner quien introdujo estas delgadas salchichas en Viena en 1798, dándoles el nombre de su ciudad de origen, Francfort. Se suelen servir con un *semmel* (panecillo) y mostaza.

El sabroso *Wiener schnitzel* empanado

4 *Frittatensuppe*

Casi todas las sopas se cocinan con caldo de carne, aunque se sirven con diferentes tipos de guarnición. Un acompañamiento muy popular son las *frittaten,* pequeñas tiras de crepes condimentadas con un pellizco de hierbas.

Un plato de *Frittatensuppe*

***Tafelspitz,* plato favorito de Francisco José**

5 *Tafelspitz*

La carne es un ingrediente esencial en la cocina vienesa, sobre todo la de vacuno. Una de las variedades favoritas es el *tafelspitz,* que generalmente se acompaña de *rösti* (patatas gratinadas), manzana y salsa de rábanos picantes. La leyenda cuenta que el emperador Francisco José lo comía a diario.

6 *Wiener Schnitzel*

El origen del *wiener schnitzel* se remonta a la antigua Bizancio, donde se comía supuestamente tras ser sazonada con polvo de oro. Con el paso del tiempo, el metal precioso fue reemplazado por una capa de doradas migas de pan. Se dice que el conde Radetzky, que luchó en varias guerras del Imperio austriaco en el siglo XIX, trajo este plato a Viena desde Milán. El resultado es un escalope de ternera o cerdo empanado que se fríe hasta dorarlo. La guarnición clásica es ensalada de patatas.

7 *Schweinsbraten mit Semmelknödel*

El cerdo asado es otro clásico de la cocina vienesa. La carne se sazona de muy diversas formas: con ajo, hierbas frescas o alcaravea; y se sirve generalmente con buñuelos, ensalada y jugo de carne.

8 *Gefüllte Paprika*

Los pimientos rellenos son un vestigio de la monarquía austrohúngara, cuando Viena acogía a gente de toda Europa. Originario de los Balcanes, este plato se popularizó en la ciudad enseguida. Los pimientos verdes se rellenan con una mezcla de carne picada y arroz y se suelen servir con salsa de tomate.

9 *Knödel*

Entre los muchos tipos de buñuelos de Viena, dulces o salados, hay simples *knödel* con verdura y carne, *gernknödel* (con mermelada agria de ciruela), *zwetschgenknödel* (de ciruela), *topfenknödel* (con requesón) y *griessnockert* (de sémola).

***Zwetschgenknödeln* (buñuelos de ciruela)**

10 *Gulasch*

Este plato es el resultado del maridaje de las cocinas húngara y austriaca. El antiguo guiso caldoso húngaro llegó a la cocina vienesa y dio lugar al *gulasch*, un estofado picante de añojo, aderezado con pimentón y servido con buñuelos o bollitos de pan. También se sirve con patatas o con huevo frito y pepinillos.

***Gulasch* de ternera**

TOP 10: PASTELES VIENESES

La clásica *Schwarzwälderkirschtorte*

1 *Schwarzwälderkirschtorte*
La Selva Negra es un rico dulce a base de capas de bizcocho y chocolate, con nata y cerezas.

2 *Gugelhupf*
Un pastel con virutas de almendras, cacao o chocolate horneado en un molde y que lleva el nombre de su forma.

3 *Apfelstrudel*
Un clásico austriaco. Masa muy fina con manzanas, canela, pasas y azúcar glas.

4 *Dobostorte*
Ocho capas de bizcocho ligero con crema de chocolate y cubierto de caramelo.

5 *Linzertorte*
Se llama así por la ciudad austriaca de Linz. Masa de almendras rellena de mermelada, famoso desde hace unos 300 años.

6 *Malakofftorte*
Galletas de bizcocho y nata bañadas en ron y cubiertas de crema de mantequilla.

7 *Esterhazytorte*
A base de capas de bizcocho de almendras rellenas de crema y cubierto de azúcar glas blanca y morena.

8 *Rehrücken*
El nombre de este pastel de chocolate se inspira por el molde con el que se hornea con forma de lomo de venado. La masa suele estar rellena de mermelada de albaricoque.

9 *Sachertorte*
En 1832, el repostero vienés Franz Sacher supuestamente inventó este rico dulce cubierto de mermelada de albaricoque y forrado de chocolate.

10 *Cremeschnitte*
Compuesto de dos capas de hojaldre rellenas de una gruesa capa de nata batida con aroma de vainilla.

TOP 10 Cafés

1 Café Demel

El Demel *(ver p. 98)* es uno de los cafés más refinados de Viena y recuerda a un salón de época rococó. Se inauguró en 1786, y a mediados del siglo XIX se erigió en el lugar de moda de la clase alta vienesa, convirtiéndose incluso en el proveedor del dulce favorito de la emperatriz Sisí: el sorbete de violeta.

2 Café Museum

Diseñado por el arquitecto minimalista Adolf Loos en 1899, este café *(ver p. 118)* refleja su estética libre de ornamentos, y en su momento fue la guarida de artistas como Klimt o Schiele. Remodelado en la década de 1930, tiene de nuevo el diseño original.

3 Café Diglas

Se fundó en 1923 y tiene mesas de mármol, sillas de madera y zonas con ventana y sofás de terciopelo rojo. Es muy recomendable pedir una porción de pastel: se sirven con una montañita de nata *(ver p. 98)*.

4 Café Europa

Este café *(ver p. 118)* tiene todos los elementos de uno tradicional, pero con muebles modernos y una informalidad jovial. Es famoso por abrir hasta las 5.00 y sirve dulces y salados vieneses a todas horas. También hay una coctelería al estilo americano.

El emblemático Café Landtmann

5 Café Landtmann

Franz Landtmann abrió este café en 1873, y en él solían tomarse su café de la mañana personajes como Sigmund Freud o Max Reinhardt, director artístico del Burgtheater. Las cuatro elegantes salas, decoradas con tapicerías de terciopelo, manteles almidonados, lámparas de cristal, espejos y madera, bullen de actividad día y noche *(ver p. 98)*.

6 Café Central

El Central *(ver p. 98)*, uno de los cafés más conocidos de la ciudad, fue lugar de encuentro de los intelectuales de principios del siglo XX. Aquí se reunía el círculo literario del poeta Peter Altenberg, que llegó incluso a recibir en él su correo. El revolucionario ruso Leon Trotsky fue otro de sus clientes habituales durante su exilio vienés anterior a la Primera Guerra Mundial. En su elegante y encantador enclave se sirven casi 1.000 tazas de café al día.

El encantador interior del Café Central

7 Café Bräunerhof

Este sitio *(ver p. 98)* es como estar en un salón tradicional. El mobiliario, usado por clientes desde principios del siglo XX, es muy acogedor. Siempre ha sido un café literario: Alfred Polgar y Hugo von Hofmannsthal fueron habituales.

8 Café Hawelka

Abrió hacia 1930 y tiene el encanto de los viejos tiempos. Sus propietarios intercambiaban comida por cuadros de artistas, por lo que sus paredes están cubiertas con obras de Ernst Fuchs, entre otros *(ver p. 98)*.

El Café Hawelka, cubierto de carteles

9 Café Prückel

Famoso por su ambiente de la década de 1950, con música y actuaciones en el sótano *(ver p. 98)*.

10 Café Sperl

Este elegante café de 1880 *(ver p. 118)* cuenta con una fiel clientela de artistas, cantantes y músicos del Theater an der Wien. De septiembre a junio los domingos por la tarde el lugar se convierte en un piano bar.

TOP 10: TIPOS DE CAFÉ

Cafés vieneses

1 *Melange*
Mezcla de café con leche caliente, servido con espuma de leche o nata montada por encima.

2 *Grosser Brauner*
Una gran taza de café solo de máquina *espresso,* acompañado de una jarrita de crema con sabor a café.

3 *Kleiner Brauner*
Es la versión más pequeña del *grosser brauner*, que también se sirve con crema.

4 *Grosser Schwarzer*
La opción para los auténticos amantes del café: una gran taza de café negro solo muy fuerte, como el *espresso* doble.

5 *Kleiner Schwarzer*
La versión pequeña del *grosser schwarzer* es sencillamente una taza pequeña de café solo, parecido al *espresso.*

6 *Verlängerter*
La versión más suave del *brauner,* al que se le añade agua caliente y se sirve con leche en lugar de crema.

7 *Kaisermelange*
Café solo fuerte mezclado con yema de huevo, miel y coñac. Una variedad no apta para todos los paladares.

8 *Einspänner*
En esta famosa bebida, el café se sirve en un vaso grande cubierto de nata montada.

9 *Fiaker*
Una gran taza de café con un toque de ron y nata montada. Recibe el nombre del carruaje típico de la ciudad.

10 *Eiskaffee*
Café frío acompañado de helado de vainilla y nata montada servido en vaso alto.

TOP 10 Restaurantes

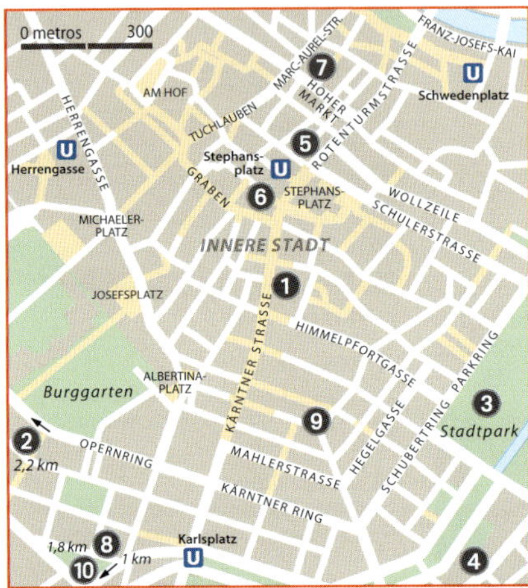

1 Restaurant im Hotel Ambassador

En la primera planta del hotel Ambassador, este restaurante gourmet ofrece cocina tradicional austriaca e internacional con un toque contemporáneo. Menú con ingredientes de temporada, como verduras y pescado, y también con otros menos habituales, como venado o jabalí. El moderno comedor es espacioso y tiene una iluminación agradable. Es fundamental reservar *(ver p. 99)*.

2 Die Wäscherei

Este restaurante *(ver p. 111)* es un sitio estupendo para tomar el *brunch*. Los jóvenes de Viena vienen por su espléndido bufet de 17,50 €. Ubicado en una antigua lavandería, sirve comida vegetariana, india, israelí y española, además de cocina casera vienesa.

3 Steirereck

Con un servicio fabuloso, una cocina artística y una ubicación espléndida en el Stadtpark, este restaurante *(ver p. 99)* de dos estrellas Michelin es con toda probabilidad el mejor restaurante de la ciudad. La carta del chef Heinz Reitbauer tiene propuestas sorprendentes con influencias nacionales e internacionales. Entre las especialidades hay filetes de esturión acompañado de lirios de día, berenjenas y berros, y la trucha alpina fresca asada, que se hace en la mesa sobre cera de abeja caliente. En su bodega guarda cerca de 25.000 botellas de vinos austriacos e internacionales. Mejor reservar.

El moderno interior de Steirereck, uno de los mejores restaurantes de Viena

Interior del elegante EssDur

4 EssDur

El premiado restaurante *(ver p. 125)* de la Konzerthaus *(ver p. 73)* marida música y comida. Especializado en cocina vanguardista austriaca contemporánea, en una sala luminosa y moderna.

5 Wrenkh

Este local vegano y vegetariano *(ver p. 99)* es uno de los restaurantes más populares de la ciudad. Los famosos hermanos Wrenkh elaboran el menú con productos locales y de temporada. También dirigen una escuela de cocina vegetariana.

6 DO & CO Stephansplatz

En el último piso de la Haas Haus, este moderno bistró *(ver p. 99)* sirve una cocina magnífica, que combina de manera ecléctica clásicos austriacos con delicias asiáticas, en un entorno elegante. Las vistas desde el ático con la catedral de San Esteban de telón de fondo son espectaculares.

7 Silvio Nickol

Este elegante restaurante *(ver p. 99)* de dos estrellas Michelin, dentro del decimonónico Palais Cobur, ofrece una alta cocina impresionante. Entre los platos se incluyen el pato con morcilla, o el pez gato con alcaparras y pasas. Tiene una excelente selección de vinos, entre los cuales hay algunas añadas difíciles de encontrar.

8 Steman

Este restaurante *(ver p. 119)* es el paradigma de la cocina tradicional y a buen precio. Al ser una taberna vienesa rústica, con neveras antiguas verde de color verde claro, manteles blancos y suelos de parqué, muchas veces pueden pasarla por alto en las revistas gourmet, pero los días laborables siempre está a rebosar. El *Wiener schnitzel* y el *gulasch* son para morirse. Obligatorio reservar.

9 Zum Schwarzen Kameel

Sitio muy popular entre los habitantes de la ciudad, este bar y restaurante clásico *(ver p. 99)* ofrece copiosos platos de cocina vienesa, entre los cuales están las brochetas de pavo, las costillas o el bacalao con salsa tártara. El bar también ofrece una gran variedad de bocadillos y aperitivos. En los meses de verano, se puede cenar al aire libre en las mesas bajo los toldos del exterior.

Comensales del Zum Schwarzen Kameel

10 Zu den drei Buchteln

Ni la decoración ni la cocina han cambiado desde 1950 en este templo *(ver p. 119)* de la cocina clásica de Bohemia. El pastel de levadura de su nombre *(buchteln)* está entre las especialidades. Copiosos platos tradicionales que elaboran con mimo dos encantadoras mujeres checas. Es el sitio ideal donde degustar la cocina clásica vienesa.

TOP 10 'Heurigen'

El bonito *heuriger* Fuhrgassl-Huber

1 Fuhrgassl-Huber

Neustift am Walde 68 ■ Autobús 35A ■ 01 440 14 05 ■ €€

Este animado *heuriger* (típica taberna vienesa) se encuentra cerca de los Bosques de Viena *(ver p. 128)* y es uno de los más grandes de la ciudad. Su excelente bufet ofrece desde jamón ahumado hasta *wiener schnitzel* con vinos de la última cosecha.

2 Hengl-Haselbrunner

Iglaseegasse 10 ■ U-Bahn U4, autobús 10A, 39A; tranvía 37, 38, 54S ■ 01 320 33 30 ■ €€

Grinzing *(ver p. 128)*, fue antaño una pequeña comunidad de vinateros, pero hoy reúne una de las mayores comunidades de *heurigen* de Viena. Hengl-Haselbrunner se encuentra fuera de los itinerarios habituales y ofrece unos magníficos vinos y un menú bufet de especialidades regionales.

3 Wieninger

Stammersdorfer Strasse 31 ■ Autobús 30A; tranvía 30, 31 ■ 01 292 10 12 ■ Cerrado nov-med abr ■ No admite tarjetas ■ €€

Este negocio familiar logra el equilibrio ideal al servir excelentes vinos con una magnífica comida que marida a la perfección. La cantidad de vieneses que vienen a este *heuriger* hace que Wieningerf sea menos cara que Grinzing y Nussdorf.

4 Kierlinger

Kahlenberger Strasse 20 ■ Tren Nussdorf; tranvía D ■ 01 370 22 64 ■ No admite tarjetas ■ €

Los vinos blancos de esta taberna tradicional figuran entre los mejores de Viena, sobre todo su Chardonnay y su Weissburgunder. Es conocido también por su sabrosa pasta para untar Liptauer, hecha con queso, pimentón, cebollas, pepinillos y especias. Dispone de jardín y organiza actos culturales durante todo el año.

5 Mayer am Pfarrplatz

Pfarrplatz 2 ■ U-Bahn U4; autobús 38A; tranvía D ■ 01 370 12 87 ■ €€

En el edificio histórico donde ahora está Mayer am Pfarrplatz vivió Beethoven *(ver p. 60)* el verano de 1817, intentando encontrar alivio a su creciente sordera. Hoy se puede disfrutar del ambiente y cenar excelente comida y vinos caseros. Una bodega muy elogiada que ha ganado muchos premios nacionales e internacionales. Música vienesa tradicional todos las viernes a las 19.00.

6 Sirbu

Kahlenberger Strasse 210 ■ Tren y taxi Nussdorf, autobús 38A ■ 01 320 59 28 ■ Cerrado do y nov-mar ■ €

Este *heuriger* escondido en la montaña Kahlenberg *(ver p. 129)* y rodeado de maravillosos viñedos, es todavía más hermoso de noche. Comida típica de *heurigen* con el vino de su propia cosecha.

Disfrutando del entorno en Sirbu

7 Zahel

Maurer Hauptplatz 9 ■ Tranvía 60 ■ 01 889 13 18 (consultar horarios por teléfono) ■ Cerrado do ■ No admite tarjetas ■ €

Excelentes vinos tintos y blancos aromáticos y llenos de sabor de la bodega de Zahel, con bufet y platos a la carta, en un sitio encantador.

Mesas del exterior de Zimmermann

8 Zimmermann

Mitterwurzergasse 20 ■ Autobús 35A, 39A ■ 01 440 12 07 ■ Cerrado lu y nov-med mar ■ €

En un entorno rural aislado junto a los Bosques de Viena, tiene un zoo con toda clase de pequeños animales y un estupendo ambiente familiar. Ideal para disfrutar de una copa de las nuevas cosechas y platos del bufet y, en verano, para sentarse entre los preciosos viñedos de Neustift.

9 Weingut Heuriger Muth

Probusgasse 10 ■ Tranvía 37, autobús 38A ■ 01 318 55 95 ■ €€

Este *heuriger* es una de las tabernas de vino más antiguas de Viena. Tiene una gran zona a la sombra en el exterior, perfecta para los meses de verano. Suele traer músicos para tocar en directo.

10 Christ

Amtsstrasse 14 ■ S-Bahn 4 ■ 01 292 51 52 ■ Cerrado los meses pares ■ €

La familia propietaria lleva 400 años produciendo vinos y ha ganado varios premios. La taberna está en un local típico y acogedor con un agradable jardín. Comida de temporada como espárragos, champiñones o caza.

TOP 10: BEBIDAS

1 Vino blanco
De los magníficos vinos dulces austriacos para el postre destacan el Grüner Veltliner y el Weissburgunder.

2 Vino tinto
Austria también produce excelentes vinos tintos como el Zweigelt, el Blaufränkisch y el Blauer Portugieser.

3 *Gespritzter*
El agua con gas, muy apreciada en Austria, comparte mesa con el vino en cualquier ocasión, pero sobre todo en verano.

4 Vino espumoso
El vino espumoso austriaco Sekt goza cada vez de mayor popularidad.

5 Cerveza
Viena cuenta con varias cervecerías que fabrican buenas cervezas de malta. Los bares y restaurantes suelen ofrecerla en forma de *seidl* (un tercio) o de *krügel* (medio litro).

6 Bebidas sin alcohol
La mezcla de zumo de manzana y de uva *(gespritzt)* con agua con gas es muy popular, al igual que el *almdudler*, una limonada con hierbas.

7 *Sturm*
Durante algunas semanas en otoño se puede encontrar zumo fermentado de uva. Es dulce y tiene bastantes grados de alcohol.

8 Ponche
El ponche y el vino caliente con especias son típicos de la Navidad.

9 Café
El primer café de Viena abrió en 1683; la cultura de café de la ciudad fue reconocida por la Unesco en 2011.

10 *Schnapps*
Aguardiente destilado de frutas como el albaricoque o de las bayas de enebro.

Botellas de *schnapps*

TOP 10 Mercados, centros comerciales y grandes almacenes

Artículos de lujo en los grandes almacenes Steffl

1 Steffl

PLANO N4 ■ Kärntner Strasse 19

Estos importantes grandes almacenes están en el corazón de Viena, y a lo largo de sus cinco pisos hay ropa de diseñadores importantes como Ralph Lauren y Calvin Klein, artículos de perfumería, cosmética y decoración. Desde la última planta se disfruta de una preciosa vista de los tejados de la ciudad, y el Sky Bar *(ver p. 97)* sirve unos cócteles deliciosos

2 Naschmarkt

Este mercado, de visita obligada, rebosante de vida y color, ofrece de todo, desde frutas y verduras hasta un mercadillo que se celebra cada sábado *(ver p. 116)*.

3 Karmelitermarkt

PLANO C5 ■ Im Werd, Krummbaumgasse, Leopoldsgasse y Haidgasse

Mercado de lunes a sábado en una plaza entre cuatro calles. Es un lugar bullicioso en el que se pueden comprar verduras, frutas, carne y comida turca y echar un vistazo a las carnicerías y las tiendas de alimentación *kosher*. Los fines de semana, muchos granjeros y vendedores se instalan aquí y venden sus productos.

4 Ringstrassen Galerien

PLANO N6 ■ Kärntner Ring 5-7 y 9-13

Este elegante centro comercial es el área comercial más cara de toda Viena, donde se vende ropa de diseñadores, joyería y productos gourmet. Las tiendas se alternan con cafés y restaurantes.

5 Wien Mitte The Mall

PLANO R4 ■ Landstrasser Hauptstrasse 1b

Gran y moderno centro comercial en la estación Wien Mitte. Hay toda clase de cosas, desde firmas de moda a zapaterías, electrónica, joyería e incluso un supermercado que abre los domingos. Hay multitud de cafeterías y restaurantes donde poder descansar tras las compras.

6 Rochusmarkt

PLANO R4 ■ Landstrasser Hauptstrasse 51

Justo a la salida de la estación de metro de Rochusgasse, se encuentra este pequeño mercado de unos 30 puestos permanentes con frutas, verduras, flores y carne frescas. Duplica su tamaño los sábados, cuando los granjeros de los alrededores acuden a vender sus productos caseros.

7 Am Hof

PLANO M2

La barroca plaza de Am Hof, con su original entorno arquitectónico y calles adoquinadas, alberga un espléndido mercado de antigüedades. Los viernes y sábados se llena de todo tipo de piezas antiguas y rarezas, aunque lo realmente famoso es su oferta de libros de viejo y usados.

8 Gasómetro

Cuatro edificios industriales circulares *(ver p. 66)* construidos entre 1896 y 1899 como depósitos de gas. En 2001, cuatro famosos arquitectos (Coop Himmelblau, Jean Nouvel, Manfred Wehdorn y Wilhelm Holzbauer) los convirtieron en un gran complejo con auditorio, 615 apartamentos, una residencia de estudiantes y un centro comercial con 70 tiendas, donde se vende desde moda a electrónica. Los cuatro edificios están conectados por pasillos acristalados.

Mercado de Semana Santa de Freyung

9 Freyung

PLANO L2

En época medieval, esta plaza fue escenario tanto de festivales como de ejecuciones, pero hoy acoge distintos mercadillos. Cada dos semanas, se venden productos fundamentalmente orgánicos y, justo antes de Navidad, otro mercadillo vende artesanía hecha a mano y en los puestos se ofrece ponche. También hay un pintoresco mercado en Semana Santa.

10 Gerngross

PLANO F2 ■ Mariahilfer Strasse 47-48

Gerngross, uno de los grandes almacenes más grandes de Viena, ofrece una amplia selección de artículos: ropa de diseño y accesorios de lujo, firmas más económicas, complementos o artículos de decoración para la casa. En su última planta hay un restaurante de sushi y un café con vistas a la calle comercial *(ver p. 117)*.

Los edificios del Gasómetro

TOP 10 Viena gratis

Jardines del Schloss Schönbrunn

1 Jardines del Schloss Schönbrunn

La entrada al palacio más majestuoso de Viena es cara, pero se puede pasear gratis por sus jardines, con exuberantes plantas y bonitas fuentes *(ver pp. 42-45)*.

2 Música y magia

Conciertos de las noches de verano: www.sommernachts konzert.at ■ Donauinselfest: www. donauinselfest.at ■ Fest der Freude: www.festderfreude.at

En junio hay conciertos gratis de la Filarmónica de Viena en los jardines del Schloss Schönbrunn y tres días de música en vivo en la mayor fiesta gratuita de Europa en Donauinsel. Al mismo tiempo, la orquesta Wiener Symphoniker actúa en el Fest der Freude en Heldenplatz.

La Filarmónica de Viena, al aire libre

3 El Hofburg

Aunque muchas residencias imperiales del Hofburg cobran entrada, el laberinto de calles de piedra, Michaelerkirche y Augustinekirche, se pueden visitar gratis *(ver pp. 16-19)*.

4 Visitas al Rathaus

Las visitas guiadas gratuitas al Rathaus de Viena revelan algunos de los secretos políticos menos conocidos de la ciudad, donde abundan polémicas, luchas de poder e intrigas *(ver p. 108)*.

5 Itinerario a pie

WomWalk: sale de Wombat, Rechte Wienzeile 35, Naschmarkt; 01 897 23 36; 10.30 lu, mi, vi y sá; www. wombats-hostels.com

Hay que aprovechar el único paseo guiado gratuito de la ciudad, que sale cuatro días a la semana del albergue Wombats, en Naschmarkt. Un magnífico modo de hacer amigos para viajeros solitarios.

6 Sumergirse en el Danubio

La playa del extremo de la isla de Donauinsel, en medio del Danubio, está calificada como zona FKK, abreviatura de *freikörperkultur*, que significa "cultura del cuerpo en libertad". No cuesta nada quitarse la ropa en esta ribera verde, y se puede tomar algo en los bares *au naturel*.

7 Sankt-Marxer-Friedhof

Un paseo relajado por el célebre cementerio de San Marx *(ver p. 130)*. Entre las tumbas medievales, los panteones y las cruces talladas del siglo XVIII hay una lápida en homenaje al querido Mozart (se cree que su cuerpo está enterado en alguna fosa común).

8 Entradas para museos

Wien Museum: www.wienmuseum.at

El Kunsthistorisches Museum *(ver pp. 22-25)*, el Belvedere *(ver pp. 28-31)*, el Naturhistorisches Museum *(ver p. 107)* y muchos museos más son gratuitos para menores de 19 años. La gran mayoría son gratis la Fiesta Nacional (26 de octubre), y en los museos de Wien Museum la entrada también es gratis el primer domingo de mes.

El Prater y su noria

9 Prater

No cuesta un céntimo pasear por el Prater, el gran parque público del este de la ciudad *(ver p. 64)*. Así que, a menos que se quiera subir en la noria o cenar en los puestos, la magia, la música y el alboroto de 200 atracciones son gratuitas.

10 El esplendor del cine

Rathausplatz ■ Herbert-von-Karajan Platz: www.wien.info

De julio a agosto, en un evocador cine al aire libre, se proyecta ópera, ballet y música clásica. En la Herbert-von-Karajan Platz hay una pantalla gigante con pases de ópera de la Staatsoper *(ver pp. 36-37)* y conciertos de ballet durante todo el verano.

TOP 10: A BUEN PRECIO

Estación de bicicletas WienMobil Bike

1 WienMobil Bike *(www.wienerlinien.at)*, la gestora de alquiler de bicicletas de Viena *(ver p. 137)*, regala una hora gratis. Se recoge una bicicleta en uno de los aparcamientos y se devuelve en otro al cabo de una hora.

2 El tranvía es la alternativa más barata a un autobús turístico descubierto: una gran opción por una cantidad muy inferior *(www.wienerlinien.at)*.

3 Si se adquiere un Vienna PASS *(www.viennapass.com)* se entra gratis en más de 60 atracciones, museos y monumentos de primera, además de tener descuento en viajes.

4 Evitando las horas punta y comprando un bono de 24, 48 o 72 horas, los trayectos son más baratos *(www.wienerlinien.at)*.

5 Para una visita autoguiada, hay un mapa gratuito para descargar de City Walks *(www.city-walks.info/Vienna)*. Admirar los *grafitti* que adornan las orillas del canal del Danubio, el museo al aire libre de Viena, es gratis paseando.

6 Los restaurantes más baratos están en Neubau *(ver p. 108)*. Algunos lugares solo cobran lo que uno pueda pagar.

7 En Viena no hay que gastar dinero en aguas embotelladas caras, dada la alta calidad del agua corriente, traída de un lago de montaña.

8 No hace falta acrecentar la factura de móvil mientras se explora Viena, porque hay wifi gratis en casi todos los lugares públicos.

9 Comprándolas en el último momento, hay entradas a precio reducido para teatro y música en espectáculos del día *(www.viennaconcerts.com)*.

10 En el mercadillo *(flohmarkt)* de los sábados en Naschmarkt *(ver p. 116)* hay gangas únicas para presupuestos ajustados.

TOP 10 Festivales

Huevos de Pascua pintados de colores

1 Mercados de Semana Santa

mar/abr

Según la tradición austriaca de Semana Santa, hay que decorar las ramas de los sauces cenicientos con ristras de cáscaras de huevos pintados unidos por una cuerdecita. También se venden huevos de Pascua en puestos de plazas y delante de las iglesias.

2 Wiener Festwochen

may/jun

Festival de teatro y danza, en sedes como el MuseumsQuartier *(ver pp. 34-35)*, el Ronacher o el Theater an der Wien *(ver p. 72)*.

3 Jazzfest

med jun-prin jul

Salas de música clásica tradicionales como la Ópera del Estado y la Konzerthaus *(ver p. 73)* se convierten en escenarios de jazz durante el Jazzfest anual, donde músicos de jazz de fama internacional tocan por toda la ciudad.

4 Oper Klosterneuburg

jul

En este festival, durante el mes de julio, se celebran glamurosos recitales de ópera clásica en el patio de la abadía de Klosterneuburg, el edificio palacial religioso que domina el pueblo del mismo nombre *(ver p. 130)*. También se organizan fascinantes talleres entre bastidores para los más pequeños.

5 MusikFilmFestival

jul-ago

La plaza del ayuntamiento *(ver p. 108)* atrae cada año amantes de la música, con conciertos, musicales, ballet, óperas u operetas, retransmitiéndolos en pantalla gigante. También hay puestos con comida internacional.

6 ImPulsTanz

jul-ago

Viena se convierte en la capital de la danza durante este festival internacional en teatros como el Burg o el Akademietheater.

Bailarín actuando en ImPulsTanz

7 Viennale

oct

El festival internacional de cine de Viena proyecta preestrenos y películas independientes de todo el mundo. Las proyecciones son en los cines Gartenbau, Urania y Metro, entre otros.

Wien Modern

fin oct-nov

Fundado en 1988 por Claudio Abbado, Wien Modern es uno de los pocos festivales con éxito dedicados a la música posterior a 1945 y clásica contemporánea de Europa. Hace énfasis en la vanguardia, y en los conciertos hay una amplia y entusiasta audiencia.

Un mercado navideño

Mercados de Navidad

nov-dic

En las semanas previas a Navidad hay muchos mercados en plazas y zonas peatonales de Viena. Venden pequeños regalos y artículos navideños, además de ponche y vino caliente con especias para entrar en calor.

Temporada de baile

dic-feb

La vida vienesa gira en torno al vals, al menos durante el Fasching, entre Navidad y Cuaresma, cuando el calendario social está lleno de noches de bailes de salón. Los más espectaculares tienen lugar en el Hofburg, aunque también los hay en muchos hoteles y salas de conciertos y una vez al año en la Staatsoper *(ver pp. 36-37)*.

Invitados al baile de la Staatsoper

TOP 10: FESTIVALES RELIGIOSOS

Misa de Navidad en Stephansdom

1 Epifanía
6 ene
Niños vestidos de los Reyes Magos dan la nueva del nacimiento de Cristo.

2 Pascua
mar/abr
La resurrección de Jesús se celebra con fuegos artificiales y procesiones.

3 Ascensión
may/jun (40 días después de Semana Santa)
Festeja la ascensión de Jesucristo.

4 Pentecostés
may/jun (50 días después de Semana Santa)
Celebra el descenso del Espíritu Santo para unir a todos los pueblos del mundo.

5 Corpus Christi
may/jun (60 días después de Semana Santa)
Hay procesiones y una Custodia decorada con flores se lleva de altar en altar.

6 Asunción de la Virgen
ago
Conmemora la Asunción de María.

7 Todos los Santos
1 nov
Los austriacos visitan las tumbas de sus seres queridos y dejan velas y coronas.

8 Fiesta de la Inmaculada Concepción
8 dic
Santa Ana concibió a la Virgen María.

9 Nochebuena
24 Dec
El día más importante de todos; las familias se reúnen en torno al árbol y abren los regalos.

10 Navidad
25 dic
Día en el que se acude a la iglesia y se visita a los familiares.

Recorridos por Viena

Panorámica de Viena desde la Torre Norte de Stephansdom

TOP 10 Centro de Viena

Reloj *art nouveau* Anker Uhr, de Franz von Matsch

El corazón de Viena, con sus calles adoquinadas, estrechos pasajes, tranquilas plazas y una riqueza sin igual de edificios históricos, rebosa de monumentos famosos y vestigios de la época romana y de los Habsburgo. También cuenta con las mejores tiendas, restaurantes y cafés situados en torno a las amplias zonas peatonales de la Kärntner Strasse, el Graben y el Kohlmarkt. Estas calles, escenario ideal para los artistas callejeros, ofrecen un agradable paseo desde la Ópera del Estado hasta el Hofburg.

CENTRO DE VIENA

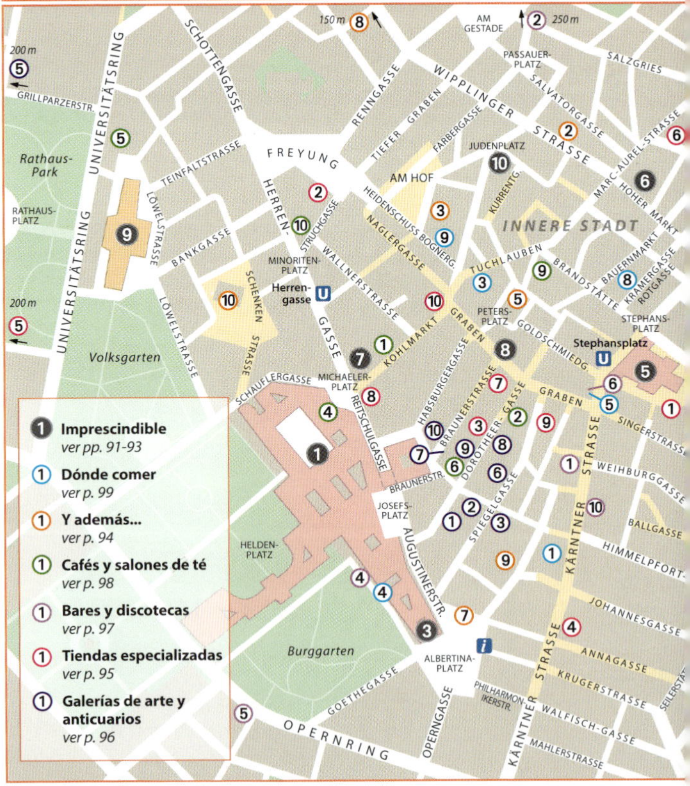

- ❶ **Imprescindible** *ver pp. 91-93*
- ① **Dónde comer** *ver p. 99*
- ① **Y además...** *ver p. 94*
- ① **Cafés y salones de té** *ver p. 98*
- ① **Bares y discotecas** *ver p. 97*
- ① **Tiendas especializadas** *ver p. 95*
- ① **Galerías de arte y anticuarios** *ver p. 96*

La imponente fachada del palacio Hofburg, en el centro de Viena

1 El Hofburg

Tal vez haya renunciado a su condición regia cuando Austria pasó a ser una república en 1918, pero su elegancia de otros tiempos sigue siendo palpable *(ver pp. 16-21)*.

2 Postsparkasse

PLANO Q3 ■ Georg-Coch-Platz 2 ■ Horario: 10.00-17.00 lu-vi

Otto Wagner *(ver p. 122)* puso en práctica sus principios en la Caja Postal de Ahorros, combinando el funcionalismo con un atractivo diseño. Los paneles de piedra están fijados a la pared exterior con remaches metálicos, motivo por el cual se le ha apodado "caja de clavos".

***La liebre* (1502) de Durero, Albertina**

3 Albertina

PLANO M5 ■ Albertinaplatz 1 ■ U-Bahn Karlsplatz, Stephansplatz ■ Horario: 10.00-18.00 diario (21.00 mi y vi) ■ Se cobra entrada (gratis menores de 19) ■ www.albertina.at

El Salón de las Musas y el Salón Rococó son dos de las salas más majestuosas de las 20 estancias de los Habsburgo dentro del museo Albertina. Alberga siete grandes colecciones de arte (contemporáneo, gráfico, arquitectónico y fotográfico), junto con tejidos y trajes de época, además de exposiciones temporales.

4 Ruprechtskirche

PLANO N2 ■ Ruprechtsplatz ■ Horario: 10.00-12.00 y 15.00-17.00 lu-vi

La modesta iglesia de San Ruperto es la más antigua de la ciudad. Se construyó en piedra en el siglo IX tras la caída de Vindobona *(ver p. 48)*, como parte de los asentamientos del interior del recinto amurallado de la ciudad romana. Fue el edificio principal de Viena hasta finales del siglo XII, cuando la Stephansdom se convirtió en el centro de culto más importante. Las vidrieras de la fachada este se conservan intactas desde el siglo XIII.

El exterior de Stephansdom

5 Stephansdom

La espectacular catedral gótica de San Esteban, en el centro geográfico de la ciudad, domina el horizonte con sus imponentes torres y la aguja de 137 metros de alto *(ver pp. 12-15)*.

6 Anker Uhr

PLANO N2 ■ Hoher Markt 10/11

Este reloj une las dos alas del edificio de una aseguradora y lo instaló entre 1911 y 1917 Franz von Matsch. Todos los días, doce parejas de figuras, cada una símbolo de un período de la historia de Viena, desfilan a las en punto. A mediodía, todas las figurillas desfilan cruzando el puente al ritmo de música clásica.

LA VIENA JUDÍA

Hasta 1938, la mayoría de la próspera comunidad judía de Viena vivía en Leopoldstadt, una zona famosa por sus teatros, cabarets y sinagogas. Sin embargo, al aumentar el antisemitismo desde el dominio nazi, el barrio judío fue cayendo en decadencia; durante esta época, abandonaron el país casi 150.000 judíos, y 60.000 fueron asesinados por el régimen nazi. Aunque muchos judíos viven ahora en el cercano barrio de Karmeliter, la zona aún conserva su herencia judía, con la impresionante sinagoga, llamado "templo de la ciudad", el animado Karmelitermarkt y muchas tiendas y restaurantes *kosher*.

7 Looshaus

PLANO L3 ■ Michaelerplatz 3 ■ Horario: 8.00-15.00 lu-mi y vi, 8.00-17.30 ju

Ningún otro edificio ha despertado tanta controversia como la Looshaus, de 1911. El emperador Francisco José opinaba que esta construcción funcionalista arruinaba el aspecto de la plaza y se dice que cerraba las cortinas del Hofburg para no tener que verla. Aunque cuatro de sus plantas están cubiertas de mármol verde, la sencillez de las plantas superiores provocó un gran alboroto.

8 Pestsäule

PLANO M3 ■ Graben

La singular columna de la peste, de estilo barroco, fue erigida en 1679 por el emperador Habsburgo Leopoldo I para celebrar que Viena se había librado al fin de la horrible epidemia que se cobró la vida de más de 100.000 personas. En medio del Graben, una de las avenidas de tiendas más elegantes de la ciudad, este monumento de 18 metros de alto está dedicado a la Santísima Trinidad. El lujoso conjunto muestra una serie de querubines y ángeles dorados, símbolos de la Trinidad, y también al mismo emperador.

La dorada Pestsäule

9 Burgtheater

PLANO K2 ■ Universitätsring 2 ■ Visitas guiadas 15.00 diario; llamar al 01 514 44 41 40 ■ Se cobra entrada

El Burg *(ver p. 71)*, como se suele llamar, fue uno de los primeros teatros del mundo germanoparlante. Los arquitectos Gottfried Semper y Carl von Hasenauer diseñaron este edificio de fachada renacentista que tardó 14 años en construirse (1874-1888). Durante las obras la Compañía del Teatro de la Corte, fundada en 1776, tuvo que trasladarse a otro edificio en la Ringstrasse. Una gran escalinata adornada con frescos de Gustav Klimt y de su hermano Ernst conduce desde el vestíbulo hasta el auditorio.

La espléndida escalinata del Burgtheater

10 Misrachi-Haus

PLANO M2 ■ Judenplatz 8 ■ Horario: 10.00-18.00 do-ju, 10.00-14.00 vi ■ Se cobra entrada (gratis menores de 18) ■ www.jmw.at

Durante la construcción en 2000 del monumento al Holocausto en la Judenplatz, de la británica Rachel Whiteread, se descubrieron restos arqueológicos de una sinagoga medieval. El lugar se puede visitar y hay un museo dedicado a la vida, trabajos y religión de los judíos en el Medievo. Se puede hacer un recorrido virtual por el barrio judío del siglo XV.

UN DÍA POR EL CENTRO DE VIENA

MAÑANA

Comienza el día en la majestuosa **Stephansdom** *(ver pp. 12-15)* para aprovechar la luz del día filtrándose por las vidrieras medievales y contemplar los elementos góticos de la catedral. Merece la pena subir las escaleras de la torre sur o tomar el ascensor de la torre norte para disfrutar de las impresionantes vistas. A media mañana puedes hacer un alto y tomar una taza de té en **Haas & Haas** *(ver p. 95)*.

Recorre las estrechas callejuelas que rodean la catedral que llevan al Hoher Markt, para admirar al mediodía las figuras del **Anker Uhr.**

Hay muchos locales para comer, pero en un día soleado el mejor es **Do & CO Stephansplatz** *(ver p. 99)*, cuya terraza mira a la catedral.

TARDE

A primera hora puedes recorrer el Graben y el Kohlmarkt, con sus anticuarios y galerías, hasta llegar al **Hofburg** *(ver pp. 16-21)*. Dispone de varias colecciones interesantes aunque los aposentos del emperador Francisco José son visita obligada.

Sal del palacio por la puerta Michaeler y pasa por la **Looshaus,** antes de entrar al **café Demel** *(ver p. 98)* para degustar una *sachertorte*.

Por último, toma el tranvía 1 en el sentido de las agujas del reloj desde Karlsplatz hasta Schwedenplatz para contemplar los edificios iluminados.

Y además...

1 Franziskanerplatz

PLANO N4 ■ Franziskanerplatz

Esta encantadora plaza acoge la Franziskanerkirche *(ver p. 51)*, bonitas casas y la fuente de Moisés (1798).

2 Altes Rathaus

PLANO N2 ■ Wipplingerstrasse 8 ■ Cerrado al público

Los Habsburgo confiscaron este palacio en 1316 a Otto von Haymo por haber conspirado contra ellos. Fue el antiguo Ayuntamiento hasta 1883.

3 Kirche am Hof

PLANO M2 ■ Am Hof 7

La viuda del emperador Fernando III hizo construir esta monumental iglesia en 1662, que parece más un palacio que un lugar de culto.

4 Heiligenkreuzerhof

PLANO P3 ■ Heiligenkreuzerhof

Un patio tranquilo al que dan dos edificios de apartamentos de los siglos XVII y XVIII y una capilla medieval.

5 Peterskirche

PLANO M3 ■ Petersplatz

La iglesia barroca de San Pedro posee un monumental altar mayor y frescos de Michael Rottmayr.

Fachada de la Baroque Peterskirche

La Akademie der Wissenschaften

6 Akademie der Wissenschaften

PLANO P3 ■ Dr-Ignaz-Seipel-Platz

La Academia de las Ciencias se emplaza en un recargado edificio rococó (1755) que fue en un principio la sede de la Universidad de Viena. En su salón se escuchó *La Creación* de Haydn en 1808 por primera vez.

7 Monumento contra la Guerra y el Fascismo

La poderosa escultura del artista Alfred Hrdlicka *(ver p. 54)* recuerda la Segunda Guerra Mundial y las atrocidades que cometió el régimen nazi, que mató a casi 65.000 judíos vieneses en campos de concentración.

8 Börse

PLANO L1 ■ Schottenring 16

Este edificio clasicista de Theophil von Hansen construido entre 1874 y 1877, que acogió la Bolsa de Viena, es ahora un edificio gubernamental.

9 Kapuzinerkirche

PLANO M4 ■ Neuer Markt

En la sencilla iglesia de los Capuchinos, de 1618, puso la Cripta Imperial de los Habsburgo *(ver p. 63)* el emperador Matías I (1557-1619).

10 Minoritenkirche

PLANO L3 ■ Minoritenplatz 2

Cuando el duque Leopoldo VI regresó de la cruzada de 1219 construyó la iglesia de los Minoritas. Aún conserva su aire medieval.

→ *Ver plano en pp. 90-91*

Tiendas especializadas

1 Haas & Haas
PLANO N3 ■ Stephansplatz 4

Detrás de Stephansdom, esta tienda dispone de más de 200 tipos de tés de frutas, negros y de hierbas, y numerosos accesorios. Los mazapanes y chocolates son deliciosos.

2 Xocolat
PLANO L2 ■ Freyung 2, en el Palais Ferstel

Todo lo que hay en esta tiendecita gira en torno al chocolate. Tiene más de 120 variedades de todas partes del mundo y libros sobre el tema.

El tentador interior de Xocolat

3 Doblinger
PLANO M4 ■ Dorotheergasse 10

Esta casa discográfica, que lleva funcionando 125 años, tiene todas las partituras que un melómano puede desear, ya sea de música clásica o contemporánea.

4 Mayr & Fessler
PLANO N4 ■ Kärntner Strasse 37

Este es el mejor lugar para comprar plumas de escritorio, diarios y archivadores. Dispone de toda una amplia gama de papeles artesanales y preciosos papeles de regalo, cuadernos y accesorios.

5 Cerámica Gmundner
PLANO D2 ■ Stadiongasse 7

La preciosa cerámica austriaca pintada a mano se elabora en Gmunden, en la Alta Austria. La tradicional decoración verde sobre blanco parece tener salpicaduras, pero es perfecta. Amplio abanico de piezas y dibujos, justo en la Ring, detrás del parlamento.

6 Shakespeare & Co
PLANO N2 ■ Sterngasse 2

Esta diminuta librería, con mucha personalidad, buenas secciones de poesía y libros de viaje, pone énfasis en literatura contemporánea inglesa.

7 Knize
PLANO M3 ■ Graben 13

Este elegante establecimiento lleva cerca de 150 años especializado en ropa a medida. El propio local es una obra maestra, gracias a la remodelación de Adolf Loos en 1910.

8 Loden Plankl
PLANO L3 ■ Michaelerplatz 6

Este antiguo negocio familiar ofrece ropa tradicional austriaca: abrigos y chaquetas Loden, bonitos vestidos Dirndl y pantalones de ante Lederhosen. Dispone de variantes modernas de la indumentaria típica.

9 Tienda de porcelana Augarten
PLANO M4 ■ Spiegelgasse 3

En la tienda de la fábrica de porcelana se venden vajillas, diseños del Wiener Werkstätte y otros *objets d'art*.

10 Meinl am Graben
PLANO M3 ■ Am Graben 19

Una de las mejores y más exclusivas tiendas gourmet de la ciudad. Tiene una magnífica selección de chocolates, vinos dulces, productos frescos y cafés.

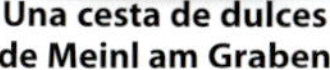

Una cesta de dulces de Meinl am Graben

Galerías de arte y anticuarios

Interior de la Dorotheum

1 Casa de Subastas Dorotheum

PLANO M4 ■ Dorotheergasse 17 ■ www.dorotheum.at

Viena es muy conocida por sus anticuarios y en Dorotheergasse abundan. Esta casa de subastas, la más importante de la ciudad, lleva en funcionamiento desde 1907 y en ella se pueden encontrar desde muebles antiguos hasta joyas y cuadros.

2 Alte Kunst und Militaria

PLANO M4 ■ Plankengasse 7 ■ www.militaria-koeck.at

Libros, pistolas, sables, medallas y uniformes antiguos de campañas militares del pasado.

3 Wissenschaftliches Kabinett

PLANO M4 ■ Spiegelgasse 23 ■ www.wisskab.com

Un lugar fascinante para buscar piezas únicas como sierras quirúrgicas antiguas, cráneos de frenología y piezas de ajedrez.

4 Galerie Ambiente

PLANO N3 ■ Lugeck 1 ■ www.ambientegalerieambiente.at

Innovadores y hermosos muebles de diseñadores y fabricantes vieneses, como Josef Hoffman y Thonet. Envían las compras a domicilio.

5 Antiquariat Inlibris

PLANO J3 ■ Rathausstrasse 19 ■ www.inlibris.at

Los libros sobre ciencia, grabados antiguos y una amplia gama de artículos de recuerdo son algunas de las especialidades de esta librería de viejo, fundada en 1883.

6 Wiener Interieur

PLANO M4 ■ Dorotheergasse 14 ■ www.wiener-interieur.at

Esta joyería, situada entre las numerosas galerías y anticuarios de Dorotheergasse, ofrece joyas de principios del siglo XX hasta los años sesenta. Un paraíso para los amantes de las piedras preciosas.

7 Galerie Hofstätter

PLANO M4 ■ Bräunerstrasse 7 ■ www.galerie-hofstaetter.com

Esta galería organiza varias exposiciones importantes al año de artistas austriacos de posguerra y contemporáneos.

8 Galerie Hilger

PLANO M4 ■ Dorotheergasse 5 ■ www.hilger.at

Se muestran obras de principios del siglo XX y de diversos artistas contemporáneos austriacos e internacionales en nueve exposiciones al año.

9 Galerie Charim

PLANO M4 ■ Dorotheergasse 12 ■ www.charimgalerie.at

Esta galería, emplazada en el Palais Gatterburg, está especializada en diseño austriaco de objetos, nuevas artes audiovisuales y fotografía.

10 Sonja Reisch

PLANO M3 ■ Bräunerstrasse 10 ■ www.antiquitaeten-reisch.com

Cuberterías, vajillas, cristalería, joyas y objetos decorativos de la era Biedermeier.

→ *Ver plano en pp. 90-91*

Bares y discotecas

1 American Bar

PLANO N4 ■ Kärntner Passafe ■ www.loosbar.at

Este bar, en sencillo y sofisticado diseño de Adolf Loos, es uno de los locales más bonitos de la noche vienesa. Sirve deliciosos cócteles.

2 Planter's Club

PLANO C4 ■ Zelinkagasse 4 ■ www.plantersclub.at

Un bar histórico, con paneles de teca, que evoca una granja colonial de té. A elegir más de 300 whiskys, 90 clases de ron y cócteles estupendos.

3 Bermuda Bräu

PLANO P2 ■ Rabensteig 6 ■ www.bermuda-braeu.at

En una zona conocida como el Triángulo de las Bermudas, este animado bar sirve exquisita cerveza de barril servida en jarras de barro, y gran variedad de cervezas embotelladas. Tiene pista de baile en el sótano.

4 Palmenhaus

Este invernadero, reformado, alberga un elegante restaurante y un bar de vinos austriacos. Música de DJ en directo algunas noches *(ver p. 99)*.

5 Volksgarten

PLANO K4 ■ Burgring 1 ■ www.volksgarten.at

Uno de los locales más conocidos de la ciudad con gran variedad de tipos de música. El fabuloso jardín es el sitio ideal durante el verano.

6 Onyx Bar

PLANO N3 ■ Haas-Haus, Stephansplatz 12, 7.º piso ■ www.docohotel.at

Los vieneses acuden en masa a este bar. Buenas vistas de Stephansdom *(ver pp. 12-15)*. Aperitivos, cócteles y agradable música de fondo.

7 Meinz

PLANO N2 ■ Seitenstettengasse 5 ■ www.meinz.wien

Un bar íntimo donde oír jazz, blues, soul o música moderna en directo mientras se saborea un original cóctel.

8 Jazzland

PLANO N2 ■ Franz-Josefs-Kai 29 ■ www.jazzland.at

En una bodega de 500 años, este lugar popular y animado es el club de jazz más antiguo de Austria *(ver p. 73)*.

9 Roter Engel

PLANO P2 ■ Rabensteig 5 ■ www.roterengel.at

La música es la especialidad de este bar; varios artistas locales tocan rock, pop, funk y soul, de lunes a jueves.

10 Skybar

PLANO N4 ■ Kärntner Strasse 19 ■ www.steffl-vienna.at

Dentro de Steffl *(ver p. 82)*, este ostentoso bar tiene un gran ambiente y vistas a los tejados de Viena. Estupendos cócteles.

El Skybar, estilo y grandes vistas

Cafés y salones de té

1 Café Demel
PLANO M3 ■ Kohlmarkt 14 ■ www.demel.com

El interior de lujo y la ubicación céntrica hacen de Demel una escala ideal para tomar algo dulce o salado *(ver p. 76).*

2 Café Hawelka
PLANO M3 ■ Dorotheergasse 6 ■ www.hawelka.at

Abierto hasta la 1.00 el fin de semana y con decoración clásica, no se pide la carta -no hay-, pero sí se deben probar los panecillos dulces *(ver p. 77).*

3 Café Diglas
PLANO P2 ■ Fleischmarkt 16 ■ www.fleischmarkt.diglas.at

Este pequeño y encantador café tradicional sirve deliciosas tartas. Se puede ver cómo se elaboran algunas en la panadería histórica *(ver p. 76).*

4 Café Hofburg
PLANO L4 ■ Innerer Burghof 1 ■ www.cafe-hofburg.at

Elegancia y lujo en este regio local donde todo el año es posible sentarse en una terraza con vistas al patio del palacio, viendo 600 años de historia.

5 Café Landtmann
PLANO K2 ■ Universitätsring 4 ■ www.landtmann.at

Un templo de la cultura del café tradicional; servicio y precio a la par. Tiene una pequeña terraza para cenar al aire libre. Una experiencia que no hay que perderse *(ver p. 76).*

6 Café Bräunerhof
PLANO M4 ■ Stallburggasse 2 ■ 01 512 38 93

Música clásica en vivo los sábados, este lugar es tradicional, pero más bien sencillo que ornamentado y menos caro que la mayoría *(ver p. 77).*

7 Café Schwarzenberg
PLANO N6 ■ Kärtner Ring 17 ■ www.cafe-schwarzenberg.at

Un café distinguido, el más antiguo de la Ringstrasse, al que, en lugar de turistas, acuden los empresarios.

8 Café Prückel
PLANO Q3 ■ Stubenring 24

Una recreación muy popular del café tradicional, con aire retro de la década de 1950, está cerca del MAK, el Museo de Artes Aplicadas *(ver p. 77).*

9 Café Korb
PLANO M3 ■ Brandstätte 9 ■ www.cafekorb.at

El *apfelstrudel* de este café lleno de ambiente es exquisito. El Art Lounge del sótano organiza eventos artísticos, musicales, teatrales y literarios.

10 Café Central
PLANO L2 ■ Herrengasse 14 ■ www.cafecentral.wien

Reivindica modestamente ser el "auténtico centro" de Viena, y de sus techos abovedados se dice que contienen el ego de Sigmund Freud *(ver p. 76).*

Los techos abovedados del Café Central

Dónde comer

PRECIOS
Una comida de tres platos con media botella de vino (o equivalente), servicio e impuestos incluidos.

€ menos de 35 € €€ 35–70 € €€€ más de 70 €

1 Restaurant im Hotel Ambassador

PLANO N4 ▪ Kärntnerstrasse 22 ▪ 01 961 61 620 ▪ €€

Un menú que va de lo tradicional a platos de carne o pescado, todo con el lujo de uno de los mejores hoteles de Viena *(ver p. 78).*

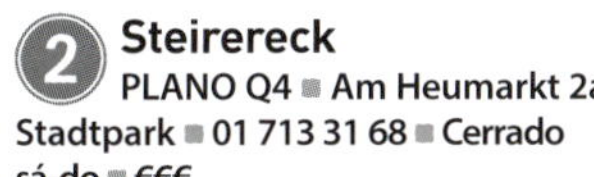

2 Steirereck

PLANO Q4 ▪ Am Heumarkt 2a Stadtpark ▪ 01 713 31 68 ▪ Cerrado sá-do ▪ €€€

Uno de los restaurantes austriacos mejor calificados; una experiencia gastronómica esencial *(ver p. 78).*

El interior de Fabios, con mucho estilo

3 Fabios

PLANO M3 ▪ Tuchlauben 6 ▪ 01 532 22 22 ▪ €€€

Un restaurante italiano pulcro y moderno, al que acuden los *glitterati* de Viena, que se encuentra entre los sitios más de moda de la ciudad.

4 Palmenhaus

PLANO M5 ▪ Burggarten 1 ▪ 01 533 10 33 ▪ €€

Un patio interior *art nouveau* con magníficas vistas y buena comida. Las noches de los fines de semana también hay baile *(ver p. 97).*

DO & CO Stephansplatz

5 DO & CO Stephansplatz

PLANO N3 ▪ Haas Haus, Stephansplatz 12 ▪ 01 535 39 69 ▪ €€€

Este elegante local en la azotea *(ver p. 79)* ofrece una sofisticada selección de los mejores platos de todo el mundo.

6 Silvio Nickol

PLANO P4 ▪ Palais Coburg Coburgbastei 4 ▪ 01 518 18 800 ▪ €€€

Fama internacional por los sabrosos menús degustación, que ofrecen una cocina contemporánea exquisita, y le ha granjeado dos estrellas Michelin.

7 Plachutta

PLANO N3 ▪ Wollzeile 38 ▪ 01 512 15 77 ▪ €€

Local tradicional vienés famoso por sus platos de vacuno. Imprescindible el *tafelspitz* con patatas asadas.

8 Wrenkh

PLANO N3 ▪ Bauernmarkt 10 ▪ 01 533 15 26 ▪ Cerrado do y festivos ▪ €

Uno de los restaurantes vegetarianos más populares de la ciudad *(ver p. 79).*

9 Zum Schwarzen Kameel

PLANO M3 ▪ Bognerstrasse 5 ▪ 01 533 81 25 ▪ €€

Este pintoresco restaurante *(ver p. 79)* tiene deliciosos platos tradicionales austriacos e internacionales.

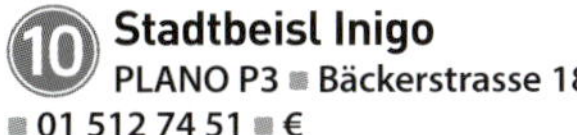

10 Stadtbeisl Inigo

PLANO P3 ▪ Bäckerstrasse 18 ▪ 01 512 74 51 ▪ €

Cocina vienesa e internacional. La carta de vinos cambia cada mes.

Ver plano en pp. 90-91

TOP 10 Schottenring y Alsergrund

Gran parte de esta zona está ocupada por instituciones médicas, entre ellas el enorme hospital general AKH y la Facultad de Medicina de Viena. No resulta extraño en una zona en la que vivió y trabajó a principios del siglo XX Sigmund Freud. La Votivkirche domina la línea del cielo y se asoma desde un parque hacia el centro de la ciudad.

La famosa escalinata del Strudlhofstiege, de estilo *art nouveau*, nevada

SCHOTTENRING Y ALSERGRUND

1 Imprescindible *ver pp. 101-103*

1 Dónde comer *ver p. 105*

1 Cafés y bares *ver p. 104*

0 metros 300

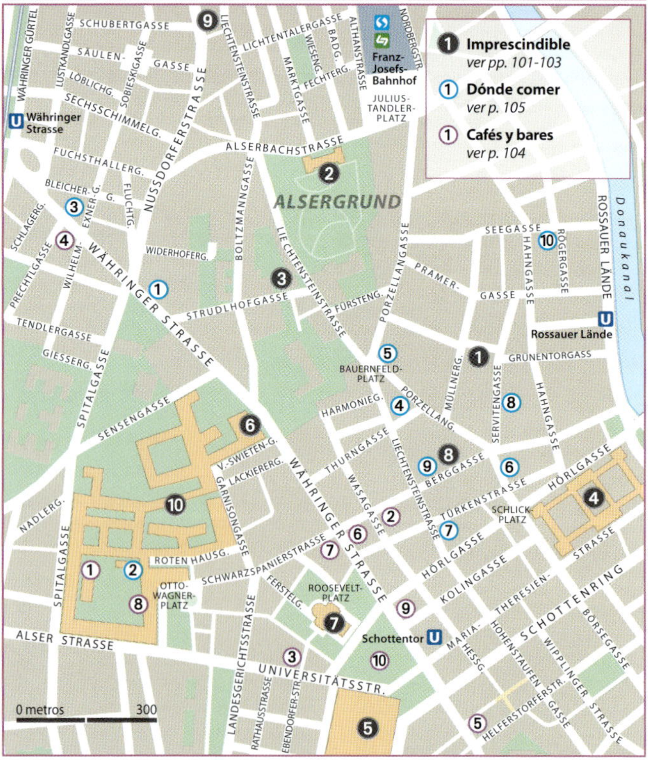

Pinturas decorativas y estucados de la cúpula de la Servitenkirche

① Servitenkirche

PLANO B3 ■ Servitengasse 9 ■ Horario: 9.00-22.00 diario

Aunque está un poco alejada de las rutas habituales, esta iglesia merece una visita. Este antiguo templo barroco y el monasterio adjunto fueron construidos por el convento en 1651. Su interior está decorado con estuco y frescos, pero destaca el crucifijo del siglo XIII que se encuentra a la derecha del altar mayor. Esta "Cruz de la Horca" se alzaba en el cadalso de la Schlickplatz.

② Gartenpalais Liechtenstein

PLANO A3 ■ Fürstengasse 1 ■ Horario: solo vi para visitas reservadas (dos veces al mes); llamar al 01 319 57 670 ■ Se cobra entrada ■ www.palaisliechtenstein.com

Este palacio fue residencia de verano *(ver p. 52)* para la familia Liechtenstein a finales del siglo XVII, y hoy es la principal sede de arte de estilo barroco. La colección privada incluye obras maestras de Rafael, Rubens o Rembrandt. Los jardines del palacio también pueden visitarse *(ver p. 50)*.

③ Strudlhofstiege

PLANO B3 ■ Strudlhofgasse/ Liechtensteinstrasse

La impresionante escalinata *art nouveau* que desciende desde Strudlhofgasse hasta Liechtensteinstrasse la diseñó Theodor Jäger en 1910. Este elegante escenario se ve reforzado por dos fuentes, farolas y rampas. Se hizo famosa en 1951, cuando el escritor austriaco Heimito von Doderer publicó una novela con su nombre.

④ Rossauer Kaserne

PLANO B4 ■ Schlickplatz 6 ■ Cerrado al público

Son unos barracones construidos para proteger Viena, tanto de los ataques externos como de las revueltas internas, tras las revoluciones europeas de 1848. Junto con otros dos campamentos militares formaba un triángulo estratégico. Las obras comenzaron en 1864 y concluyeron seis años después. Tras la Segunda Guerra Mundial fueron cuartel general de la policía de Viena.

Monumento del Rossauer Kaserne

Entrada de la Universidad de Viena

5 Universidad de Viena

PLANO K1 ■ Universitätsring 1 ■ Abierto lu-sá

El duque Rodolfo IV fundó la Universidad de Viena en 1365 y hoy cuenta con unos 60.000 estudiantes. El edificio actual se construyó en estilo renacentista italiano según un proyecto de Heinrich Ferstel que se inauguró en 1884. Desde el vestíbulo con columnas de mármol, una escalinata lleva a las aulas y a la biblioteca. En el patio están los bustos de profesores destacados y de los ocho ganadores del Premio Nobel que ha dado la Universidad. La sala de ceremonias está decorada con frescos de Gustav Klimt (1895).

SIGMUND FREUD

En su análisis del inconsciente, Sigmund Freud (1856-1939) dividió la psique en tres planos (ello, yo y superyó) que, si sufrían desequilibrios, producían trastornos mentales. Sus ideas fueron la base del actual psicoanálisis. Su hija, Anna Freud, que siguió sus pasos, se la considera la fundadora del psicoanálisis infantil.

6 Josephinum

PLANO B3 ■ Währinger Strasse 25 ■ Cerrado por restauración; consultar detalles en la web ■ www.josephinum.ac.at

Fundada por el emperador José II en 1785 como academia de medicina, comenzó formando a los médicos militares y civiles. Hoy es el Instituto de Historia de la Medicina *(ver p. 57)*.

7 Votivkirche

PLANO C3 ■ Rooseveltplatz ■ Horario: 10.00-18.00 ma-sá, 9.00-13.00 do ■ www.votivkirche.at

Esta impresionante iglesia *(ver pp. 50-51)* forma parte de la Ringstrasse. Dentro hay un museo (cerrado por restauración en el momento de escribir esta guía) con cálices de joyas y otras reliquias. Los domingos, los servicios religiosos se ofrecen en varios idiomas.

El intrincado exterior de la bonita Votivkirche, de piedra caliza

Museo Sigmund Freud

PLANO B3 ■ Berggasse 19 ■ Horario: 9.00-17.00 diario ■ Se cobra entrada ■ www.freud-museum.at

El fundador del psicoanálisis vivió en Viena entre 1891 y 1938, cuando se marchó a Londres escapando de los nazis. En su espacioso apartamento de Berggasse, actualmente el museo, escribió varias de sus obras, entre ellas *La interpretación de los sueños.*

Piezas del Museo Sigmund Freud

9 Casa natal de Schubert

PLANO A2 ■ Nussdorfer Strasse 54 ■ Horario: 10.00-13.00 y 14.00-18.00 ma-do y festivos ■ Se cobra entrada (gratis menores de 19 y primeros do de mes)

Franz Schubert nació en la cocina de este apartamento, hoy museo, el 31 de enero de 1797, y pasó sus cuatro primeros años en esta propiedad, conocida como "Casa del Cangrejo Rojo". El museo ofrece detalles de la vida del compositor *(ver p. 60)*, y varios retratos suyos realizados por artistas de su época.

10 Altes Allgemeines Krankenhaus

PLANO B2 ■ Spitalgasse 2

Este inmenso complejo, antaño hospital, con once patios, es un hermoso oasis de tranquilidad. A finales del siglo XVIII, el emperador José II convirtió un antiguo hospicio en hospital general con maternidad, inclusa y "manicomio". Esta última es hoy el Museo Anatómico Patológico *(ver p. 57)*. Ahora todo forma parte de la Universidad de Viena.

UN DÍA POR EL BARRIO UNIVERSITARIO

MAÑANA

Empieza el día en la **Universidad de Viena**, para visitar el vestíbulo de mármol y el patio. Luego dirígete hacia la **Votivkirche,** que tiene visitas guiadas el segundo sábado de cada mes a las 11.00. Sube por Alser Strasse y accede al **Altes Allgemeines Krankenhaus,** antiguo Hospital General. En el primer gran patio hay varios *pubs*, llenos de grupos de estudiantes, en los que puedes hacer un alto.

En el patio 13 se encuentra el **Pathologisch-Anatomisches Bundesmuseum** *(ver p. 57)*. Recorre la Strudlhofgasse y baja por la **Strudlhofstiege** *(ver p. 101)* hasta llegar al **Gardenpalais Liechtenstein** *(ver p. 101)*. En la Porzellangasse hay varios sitios para comer.

TARDE

De camino hacia el **Museo Sigmund Freud,** pasa junto a la **Servitenkirche** *(ver p. 101)*, con su interior barroco. Merece la pena visitar con calma el apartamento y las salas de consulta de Sigmund Freud. En **Florentin 1090** *(ver p. 104)*, justo enfrente, puedes descansar tomando un café o un té a la menta. Después, pasea por el **Sigmund Freud Park** *(ver p. 104)*, uno de los puntos de encuentro estudiantiles más frecuentados en verano.

Finaliza la jornada con una visita a **Votiv Kino** *(Währinger Strasse 12; 01 317 35 71)*, un cine de arte y ensayo, con películas independientes en versión original subtitulada.

Ver plano en p. 100

Cafés y bares

1 Stiegl-Ambulanz

PLANO C2 ■ Campus universitario, Alser Strasse 4 ■ www.stieglambulanz.com

Abre todo el año y ofrece comida vienesa tradicional a precios razonables. Amplio abanico de cervezas.

2 Florentin 1090

PLANO C3 ■ Berggasse 8 ■ www.florentin1090.com

Local de moda junto a la librería LGTBIQ+ Löwenherz, con platos de Próximo Oriente y austriacos.

3 Cafeteria Maximilian

PLANO K1 ■ Universitätsstrasse 2 ■ 01 405 7149

Justo al lado de la Universidad de Viena, sirve comida sencilla y atrae a las masas, muchos de los cuales se quedan un rato de charla.

4 Statt-Beisl im WUK

PLANO B2 ■ Währinger Strasse 59 ■ www.statt-beisl.info

Esta antigua fábrica de locomotoras del siglo XIX ha sido transformada en un magnífico centro cultural con cafetería y restaurante.

5 Juice Factory

PLANO C3 ■ Schottengasse 4 ■ www.juicefactory.at

Las mezclas naturales de frutas y verduras de este bar refrescan y desintoxican. También tienen desayunos con café y *smoothie bowls*.

6 Café Votiv

PLANO C3 ■ Währinger Strasse 12 ■ www.votivkino.at

El café del cine Votiv es muy famoso entre estudiantes y aficionados al cine, antes y después de las sesiones.

7 Charlie P's

PLANO C3 ■ Währinger Strasse 3 ■ www.charlieps.at

Este *pub* irlandés tradicional disfruta de un ambiente muy animado. El *fish and chips* con una pinta de Guiness son una parte esencial de la carta.

8 Gangl

PLANO C2 ■ Campus universitario, Alser Strasse 4 ■ www.gangl.at

La cerveza de grifo, los sándwiches y el ambiente (y la terraza en verano) atraen a la clientela estudiantil.

9 Café Stein

PLANO C3 ■ Währinger Strasse 6–8 ■ www.cafestein.at

Este local con mesas en el interior y exterior brinda buenas vistas de la Votivkirche *(ver p. 102)*. Estupenda opción para un desayuno tradicional. También organiza actos culturales.

10 Sigmund Freud Park

PLANO K1

Los días de sol, el parque Sigmund Freud, frente a la universidad, se llena de alumnos que van a estudiar, comer, tomar el sol y debatir los últimos acontecimientos *(ver p. 65)*.

Descanso en el Sigmund Freud Park

Dónde comer

1

1 Kim Kocht

PLANO C3 ■ Währinger Strasse 46 ■ 664 425 88 66 ■ Cerrado sá-lu y martes noche ■ €€€

La famosa chef Sohyi Kim lleva este diminuto local de moda *(ver p. 79)*, con platos coreanos de fusión, la mayoría de pescado, marisco y vegetarianos.

2 Universitätsbräuhaus

PLANO J1 ■ Campus universitario, Alser Strasse 4 ■ 01 409 1815 ■ No admite tarjetas de crédito ■ €

Platos sencillos pero sabrosos en la farmacia del antiguo hospital.

Café Weimar, con lámparas de araña

3 Café Weimar

PLANO B2 ■ Währinger Strasse 68 ■ 01 317 12 06 ■ €

Café-restaurante tradicional con pianista. Tentempiés fríos y calientes y menús de precio fijo al mediodía.

4 D'Landsknecht

PLANO B3 ■ Porzellangasse 13 ■ 01 317 43 48 ■ Cerrado sá y do ■ €

Muy consolidado, sirve sopas y otras especialidades austriacas auténticas en platos generosos por un módico precio.

5 Gasthaus Wickerl

PLANO B3 ■ Porzellangasse 24a ■ 01 317 74 89 ■ Cerrado do cena ■ No admite tarjetas de crédito ■ €€

Un restaurante vienés tradicional con buena cocina austriaca.

PRECIOS

Una comida de tres platos con media botella de vino, (o equivalente), servicio e impuestos incluidos.

€ menos de 35 € €€ 35–70 € €€€ más de 70 €

6 Oasia

PLANO B4 ■ Schlickgasse 2 ■ 01 310 01 70 ■ Cerrado do ■ €

Restaurante asiático de fusión especializado en dim sun.

7 Der Wiener Deewan

PLANO C3 ■ Liechtensteinstrasse 10 ■ 01 925 11 85 ■ Cerrado do y festivos ■ €€

Menú paquistaní muy elogiado. Se come todo lo que se quiere y se paga lo que se cree oportuno.

8 Suppenwirtschaft

PLANO B3 ■ Servitengasse 6 ■ 01 317 67 45 ■ Cerrado noches, sá-do y festivos ■ €

Restaurante con platos veganos y un menú de temporada a base de sopas, ensaladas y curris. La comida se pide para llevar, porque hay pocas mesas.

9 Ragusa

PLANO B3 ■ Berggasse 15 ■ 01 317 15 77 ■ Cererado do ■ €€

Cocina de la costa dálmata en un espacio acogedor abierto a una terraza.

10 Stomach

PLANO B3 ■ Seegasse 26 ■ 01 310 20 99 ■ Cerrado lu y ma ■ €€

Comida moderna en una de las mejores terrazas de la ciudad.

El bonito patio al aire libre de Stomach

Ver plano en p. 100

TOP 10 MuseumsQuartier, Ayuntamiento y Neubau

Estatuas delante del edificio del Parlamento

La zona que rodea el Ayuntamiento, el Barrio de los Museos y el Nebau es el centro político de Austria y el corazón cultural de su capital. Hay una mezcla de organismos oficiales, espacios de exposición y tiendas bohemias y modernas, en calles adoquinadas llenas de personalidad y ambiente, donde, entre restaurantes, museos, galerías y tiendas *vintage*, se dan cita la Viena convencional y la inquieta y provocadora.

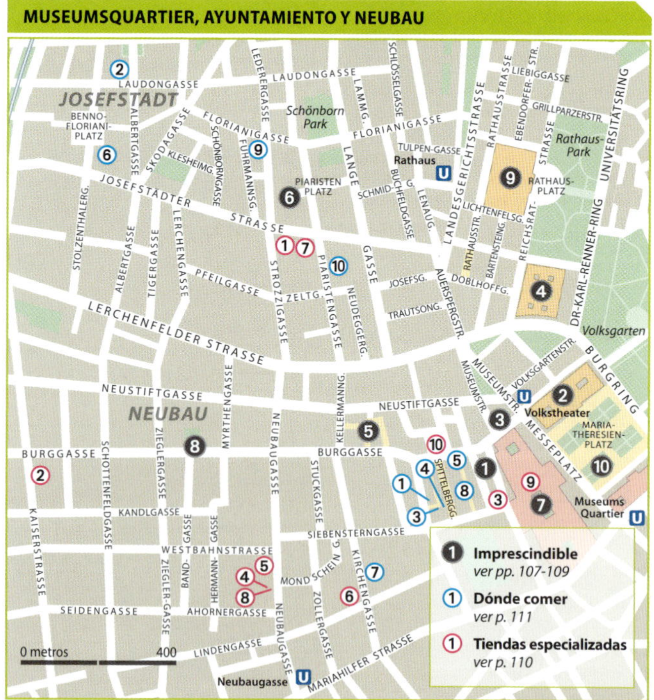

1 Spittelberg

PLANO J5

La zona peatonal de Spittelberg tiene unas cuantas callejuelas adoquinadas, preciosas casas y fuentes, que se extienden entre Breite Gasse, Siebensterngasse, Sigmundsgasse y Burggasse. Los tugurios, antros de juego y burdeles que poblaron la zona en el siglo XVIII se cerraron en el siglo XIX y el barrio se fue abandonando. En la década de 1960 las autoridades se dieron cuenta del encanto de la zona, que hoy es un animado enclave de galerías de arte, tiendas de artesanía y *pubs* acogedores.

Naturhistorisches Museum

PLANO K4 ■ Maria-Theresienplatz ■ Horario: 9.00-18.30 mi-lu (21.00 mi); visitas guiadas en inglés a la azotea: 15.00 do ■ Se cobra entrada (gratis menores de 19) ■ www.nhm-wien.ac.at

El Museo de Historia Natural, uno de los diez mejores del mundo y hecho a imagen de su vecino, el Kunsthistorisches Museum, abrió sus puertas en 1889. Sus colecciones de historia natural, geología y arqueología nacieron de la colección de curiosidades que el emperador Francisco Esteban inició en 1748. El interior se diseñó para resaltar las piezas, más de 20 millones. Las más preciadas son una Venus de Willendorf, de más de 25.000 años de antigüedad, y el "ramo de joyas" que María Teresa le regaló a su marido, Francisco I.

Lujoso interior del Volkstheater

3 Volkstheater

PLANO J4 ■ Arthur-Schnitzler-Platz 1 ■ www.volkstheater.at

El Teatro del Pueblo se fundó en 1889 como contrapartida al imperial Burgtheater *(ver p. 93)*. El objetivo del Volkstheater era ofrecer obras clásicas y modernas a más público y a precios más asequibles. Fue obra de los arquitectos Ferdinand Fellner y Hermann Helmer con un diseño historicista y las últimas tecnologías de la época, como el alumbrado eléctrico. Tiene aforo para casi 1.000 personas, uno de los más grandes del mundo en lengua alemana.

4 Parlamento

PLANO K3 ■ Dr-Karl-Renner-Ring 3 ■ Interior cerrado al público por gran reforma

Este edificio (1873-1883) fue obra del arquitecto Theophil von Hansen, que lo construyó al estilo griego en homenaje a la cuna de la democracia. Dos rampas flanqueadas por estatuas de filósofos griegos llevan a la entrada. Aquí se declaró la primera república austriaca en 1918.

El Naturhistorisches Museum

Sankt-Ulrichs-Platz

PLANO E2

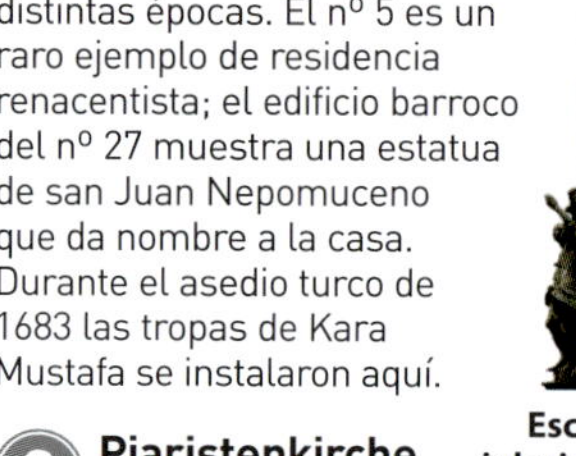

En el corazón de esta plaza adoquinada, está la iglesia de san Ulrico rodeada de un conjunto de casas patricias de distintas épocas. El nº 5 es un raro ejemplo de residencia renacentista; el edificio barroco del nº 27 muestra una estatua de san Juan Nepomuceno que da nombre a la casa. Durante el asedio turco de 1683 las tropas de Kara Mustafa se instalaron aquí.

Escultura de la iglesia de San Ulrico

Piaristenkirche Maria Treu

PLANO D2 ▪ Jodok Fink Platz ▪ Abierto durante servicios religiosos ▪ www.mariatreu.at

Paseando por Piaristengasse desde Josefstädter Strasse, a la izquierda aparece una plaza. La iglesia de los Escolapios de Maria Treu que se alza en ella se construyó a partir de 1719 según proyecto de Lukas von Hildebrandt. Los frescos de la cúpula son obra del artista barroco austriaco Franz Anton Maulbertsch (1752). La columna que hay frente a la iglesia se erigió en 1713 en agradecimiento por el fin de la epidemia de peste.

7 MuseumsQuartier

Las antiguas caballerizas imperiales han sido transformadas en el Barrio de los Museos, un enorme complejo museístico de visita obligada *(ver pp. 34-35)*.

Neubau

PLANO C2

El distrito de Neubau atrae un flujo continuo de turistas *hipster* a estudios, cafés de moda, tiendas de ropa *vintage* y comercios independientes. En la última década, la personalidad progresista y artística del Neubau lo ha hecho aparecer como "el Berlín de Viena", y pasear relajadamente por las galerías y comercios de sus callejuelas permite experimentar el lado más alternativo de la ciudad. Una amalgama ecléctica de tiendas que venden de todo: confección moderna, moda ecológica, joyería a medida y fetiches de cocina *gourmet,* utensilios de cocina, fotografías artísticas o ropa retro multicolor. Hacia el norte, desde Mariahilfer Strasse hacia Lerchenfelder Strasse, las tiendas del Neubau recorren Neubaugasse y Lindengasse. El MuseumsQuartier marca la frontera oriental del distrito.

9 Neues Rathaus

PLANO J2 ▪ Friedrich-Schmidt-Platz 1 ▪ Visitas con audioguía en inglés: 13.00 lu, mi y vi ▪ www.wien.gv.at

El Nuevo Ayuntamiento fue obra de Friedrich von Schmidt en 1883 como símbolo del orgullo de los vieneses por su ciudad. Este edificio neogótico con agujas, galerías y rosetones en las ventanas tiene siete patios porticados y 1575 salas, en las que

tienen sus despachos el alcalde y el Consejo municipal. En la plaza de enfrente se celebran acontecimientos todo el año, como el mercado navideño y un festival de música en verano *(ver pp. 86-87)*. La fachada se ilumina con una espectacularidad sin igual por las noches con reflectores.

Obra en el Kunsthistorisches Museum

Kunsthistorisches Museum

El Museo de Bellas Artes alberga una impresionante colección de tesoros artísticos que cubre varios siglos, desde la antigüedad hasta la época contemporánea *(ver pp. 22-25)*.

RINGSTRASSE

Rodea el primer distrito de la ciudad y es una de las avenidas más elegantes de Viena. En 1857, Francisco José I ordenó eliminar los bastiones medievales y dar a Viena un aspecto imperial con edificios grandiosos. Fue entonces cuando se construyeron los palacios del nuevo bulevar, inaugurado en 1865.

El MuseumsQuartier por la noche

UN DÍA EN EL MUSEUMSQUARTIER

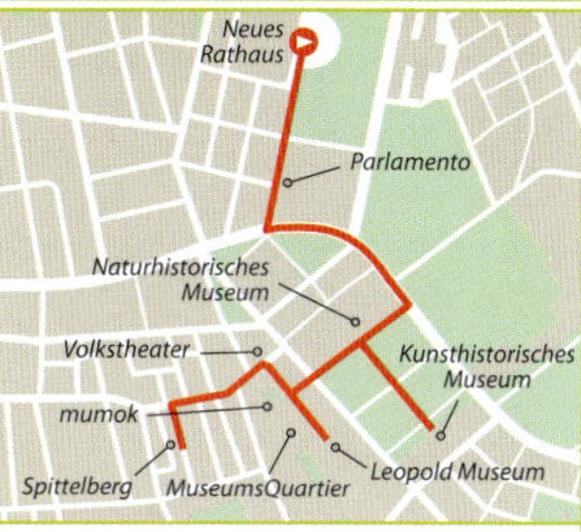

MAÑANA

Empieza la jornada en el **Neues Rathaus** y pasea después por Ringstrasse en dirección al **Parlamento** *(ver p. 107)*. Una vez vistas estas dos joyas, puedes comenzar a visitar los maravillosos museos de la ciudad.

Los más destacados son el **Kunsthistorisches Museum** y el **Naturhistorisches Museum** *(ver p. 107)*, donde puedes pasar el día entero, por lo que es preferible seleccionar las obras que más te interesen y centrarte en ellas. Ambos cuentan con excelentes cafés para hacer una pausa, que además ofrecen una magnífica vista de las plantas inferiores.

Cruza al otro lado de la plaza para visitar el **MuseumsQuartier,** con distintos patios por los que pasear. Antes de entrar en otro museo, come en cualquiera de los cuatro restaurantes que hay en el complejo, que ofrecen una comida deliciosa.

TARDE

Después de comer explora el **mumok** *(ver p. 34)* y el Leopold Museum antes de salir por las puertas 6 o 7. Estas llevan directamente al **Volkstheater** *(ver p. 107)*. Subiendo por la Burggasse llegas a **Spittelberg** *(ver p. 107)*, a la izquierda, donde puedes echar un vistazo a sus numerosas tiendas y galerías.

Cuando anochezca, dirígete al Neues Rathaus para verlo iluminado.

Ver plano en p. 106

Tiendas especializadas

1 Quendler's feine Weine
PLANO D2 ■ Josefstädter Strasse 33 ■ www.quendler.at

El mejor local para adquirir vinos austriacos blancos y tintos, además de caldos de otras partes del mundo.

2 Grand Cru
PLANO E2 ■ Kaiserstrasse 67 ■ www.grandcru.at

Gran selección de cafés, así como deliciosos chocolates con variados y sabrosísimos rellenos.

Mercancías del Grand Cru

3 Teehaus Artee
PLANO E2 ■ Siebensterngasse 4 ■ www.artee.at

Ofrece una gama de tés, con bonitas teteras y tazas. Un lugar elegante para comprar y degustar té. También sirve comida asiática.

4 Ina Kent Store
PLANO E2 ■ Neubaugasse 34 ■ www.inakent.com

Especializada en bolsos y guantes de piel, también acoge exposiciones temporales dentro de la tienda.

5 Mastnak
PLANO E2 ■ Neubaugasse 31 ■ www.mastnak.at

Una tienda de dos sedes, con todo tipo de material de papelería, desde lápices hasta mochilas y papel de regalo. También hace impresiones y copias.

6 Geschirr Niessner
PLANO E2 ■ Kirchengasse 9A ■ www.porzellan-wien.at

Un paraíso de menaje de cocina que tiene infinidad de artículos *vintage*, como porcelana inglesa y austriaca.

7 Vinoe
PLANO D2 ■ Piaristengasse 35 ■ www.vinoe.at

Especialista en vinos de la Baja Austria con 400 variedades.

8 Shu!
PLANO E2 ■ Neubaugasse 34 ■ www.shu.at

Zapatos de diseño de colores originales, con altísimos tacones o todo tipo de adornos: un paraíso para los pies.

9 Komische Künste
PLANO K5 ■ Museumsplatz 1 ■ www.komischekuenste.com

El sitio ideal para los amantes de las viñetas y los cómics. La tienda tiene también obras académicas más "serias" sobre el hueso de la risa.

10 Das Möbel
PLANO E2 ■ Burggasse 10 ■ cafe.dasmoebel.at

Mezcla de galería, café y restaurante donde se puede probar y comprar sus muebles mientras se disfruta de una bebida o una comida.

Mobiliario con estilo en Das Möbel

Dónde comer

PRECIOS
Una comida de tres platos con media botella de vino, (o equivalente), servicio e impuestos incluidos.

€ menos de 35 € €€ 35–70 € €€€ más de 70 €

1 Amerling Beisl

PLANO E2 ■ Stiftgasse 8 ■ 01 526 16 60 ■ €

Patio ajardinado al estilo Biedermeier, abierto en verano, sirve comida casera vienesa y también fideos chinos y buñuelos.

2 Die Wäscherei

PLANO C1 ■ Albertgasse 49 ■ 01 409 23 75 11 ■ €

Esta antigua lavandería es uno de los locales con más éxito de la zona. Pero hay que reservar, porque está muy concurrido *(ver p. 78)*.

3 Plutzer Bräu

PLANO E2 ■ Schrankgasse 2 ■ 01 526 12 15 ■ €

Pub que prepara hamburguesas, con pantallas grandes de TV. En verano se puede comer fuera.

4 Tian Bistro

PLANO E2 ■ Schrankgasse 4 ■ 01 526 94 91 ■ €€

Sus jardines con sombra son un respiro en verano y un oasis para los vegetarianos de la carnívora Viena.

5 Zu ebener Erde und erster Stock

PLANO E2 ■ Burggasse 13 ■ 01 523 62 54 ■ Cerrado sá y do ■ €€

Un restaurante en una casa estilo Biedermeier, con original comida austriaca tradicional y excelentes vinos.

6 Prinz Ferdinand

PLANO D1 ■ Bennoplatz 2 ■ 01 402 94 17 ■ Cerrado lu ■ €€

Restaurante típico vienés con especialidades clásicas austriacas. Ambiente romántico en verano, con mesas bajo los árboles.

7 Figar

MAP E2 ■ Kirchengasse 18 ■ 01 890 99 47 ■ Cerrado ju ■ €

Magníficos *brunchs* y varias opciones vegetarianas. Un "garito" de *hipsters;* abierto hasta las 2.00, con un patio exterior muy agradable en verano.

8 Witwe Bolte

PLANO J5 ■ Gutenberggasse 13 ■ 01 523 14 50 ■ Cerrado lu-vi mediodía ■ €€

En Spittelberg, mesas fuera en verano y exquisito interior. Cocina refinada y vinos austriacos en un entorno acogedor.

El encantador interior de Tunnel

9 Tunnel

PLANO D1 ■ Florianigasse 39 ■ 01 405 34 65 ■ No admite tarjetas de crédito ■ €

Mezcla cocina internacional y platos asiáticos. Música en directo todos los días en su bodega hasta las 2.00.

10 Ilija

PLANO D2 ■ Piaristengasse 36 ■ 01 408 54 32 ■ Cerrado do ■ €€

Acogedor restaurante croata que sirve platos de temporada, pescado y especialidades de la costa dálmata.

Ver plano en p. 106

TOP 10 La Ópera y el Naschmarkt

Detalle del interior del Theater an der Wien

Esta ecléctica zona cuenta con numerosos monumentos arquitectónicos que se alzan majestuosos junto a la alegre actividad del Naschmarkt. Se caracteriza por la diversidad de estilos de sus construcciones, entre ellas la Ópera del Estado, la Academia de Bellas Artes y los más hermosos ejemplos del Jugendstil vienés: el impresionante Pabellón de la Secesión y las dos casas de Otto Wagner en la Linke Wienzeile. La zona es un paraíso para los aficionados a las compras: la Mariahilfer Strasse cuenta con cientos de tiendas y varios cafés y restaurantes, y el animado mercado Naschmarkt, con cierto parecido a los zocos de Próximo Oriente, constituye una delicia para los sentidos.

LA ÓPERA Y EL NASCHMARKT

1 Imprescindible *ver pp. 115-117*

1 Dónde comer *ver p. 119*

1 Cafés y bares *ver p. 118*

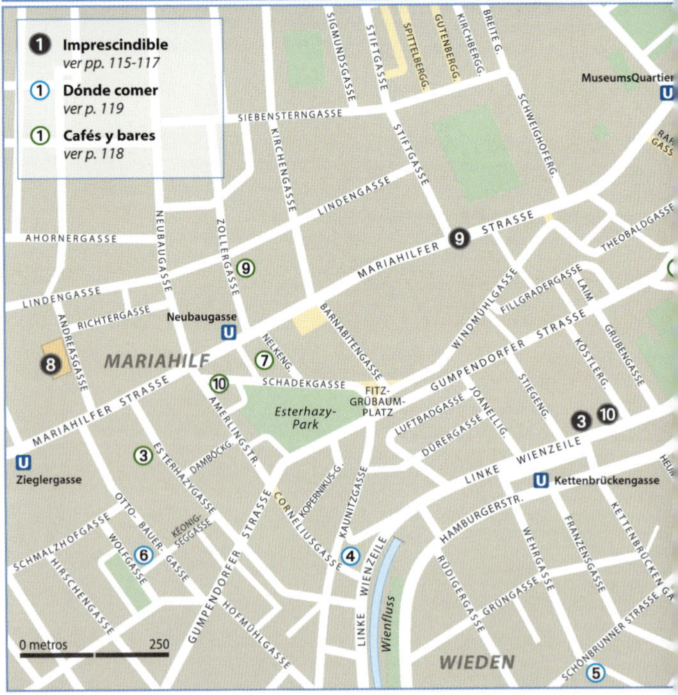

Páginas anteriores *Fachada de la Karlskirche al amanecer*

La gran escalinata de la Staatsoper

1 Staatsoper

La Ópera del Estado es una institución emblemática en esta ciudad devota por la música. 300 funciones al año atraen a público de todo el mundo, igual que el Baile de la Ópera, cuando se puede acceder a bambalinas para ver a las estrellas *(ver pp. 36-37)*.

2 Colección de Arte de la Akademie der bildenden Künste

PLANO L6 ■ Schillerplatz 3 ■ Horario: 10.00-18.00 ma-do, 10.00-16.00 sá ■ Se cobra entrada (gratis menores de 19 años) ■ www.kunstsammlungenakademie.at

La Academia de Bellas Artes de Viena *(ver p. 58)*, diseñada por Theophil Hansen, ocupa un elegante edificio renacentista de la Ringstrasse. Acabada en 1876, posee destacadas colecciones de pintura, con obras de Tiziano, Rembrandt, Rubens y El Bosco, así como de arte gráfico. Las colecciones de arte exponen regularmente obras maestras seleccionadas junto con arte contemporáneo internacional.

3 Majolika Haus

PLANO F3 ■ Linke Wienzeile 40

Esta casa, diseñada por Otto Wagner en 1898, y uno de los ejemplos más hermosos de vivienda Jugendstil, está decorada con azulejos de motivos florales: las flores rosas, las hojas verdes y los capullos azules cubren la fachada del edificio. La casa está dividida en apartamentos, y hay tiendas en la planta baja.

4 Pabellón de la Secesión

Este edificio de finales del siglo XIX es destacado homenaje al movimiento artístico secesionista fundado por Gustav Klimt *(ver pp. 38-39)*.

Exterior del Pabellón de la Secesión

5 Naschmarkt

PLANO F4 ■ Entre Karlsplatz y Kettenbrückengasse ■ Horario: 6.00-19.30 lu-vi (17.00 sá) ■ www.naschmarkt-vienna.com

El mercado más grande de la ciudad es un bullicioso lugar con más de 100 puestos. La vida comienza a las seis de la mañana, cuando abren los vendedores de fruta, verdura, flores, carne y pescado. Los sábados, los granjeros de las afueras acuden para vender sus productos, y cada sábado se coloca un mercadillo donde hay de todo, desde antigüedades a ropa de segunda mano.

6 Theater an der Wien

PLANO F3 ■ Linke Wienzeile 6 ■ 01 588 30 10 10 ■ Se pueden reservar visitas guiadas a las bambalinas ■ www.theater-wien.at

Emanuel Schikaneder, amigo de Mozart, fundó este teatro en 1801. Estuvo cerrado muchos años, hasta que volvió a abrir en 2006 con motivo del 250 aniversario del nacimiento de Mozart. Ahora se le llama "Nuevo Teatro de la Ópera de Viena", y programa estrenos cada mes. Hay una compañía juvenil de repertorio y un programa de canción y ópera joven denominado Kammeroper u Ópera de Cámara. Mozart se representa mucho, pero también hay ópera contemporánea.

VIENA Y LA MÚSICA

Viena está estrechamente ligada con la música clásica y se la considera la capital mundial de la música. Los Habsburgo, amantes del arte, fueron grandes mecenas, propiciando el ambiente para que floreciese el panorama musical, sobre todo a finales del siglo XVIII y durante el siglo XIX. Aunque aún mantiene su tradición musical, también ofrece un vivo paisaje de música contemporánea.

Monumento a Schiller

7 Monumento a Schiller

PLANO L6 ■ Schillerplatz

En la Schillerplatz, frente a la Academia de Bellas Artes, se alza la estatua del poeta y dramaturgo Friedrich Schiller esculpida por Johannes Schilling en 1876. Justo delante está el monumento a Goethe, obra de Edmund von Hellmer en 1900 *(ver p. 54)* como tributo a otro gran escritor en lengua alemana.

El elegante interior dorado del Theater an der Wien

Hofmobiliendepot

PLANO F1 ▪ Andreasgasse 7 ▪ Horario: 10.00-18.00 ma-do ▪ Se cobra entrada ▪ www.hofmobiliendepot.at

En el la Colección Imperial de Muebles, fundada por la emperatriz María Teresa a finales del siglo XVIII, se almacenaban los muebles de los Habsburgo, restaurados y en perfecto estado para llevarlos a sus residencias cuando fuera necesario. Da una idea de la forma de vida de la familia imperial y cuenta con miles de piezas -desde lo cotidiano a lo más inusual-, que abarcan cinco siglos.

De compras por Mariahilfer Strasse

Mariahilfer Strasse

PLANO K6

Después de la Kärntner Strasse y el Graben, es la calle más moderna y poblada de comercios. Cientos de tiendas y algunos grandes almacenes ofrecen moda, libros, música y electrónica junto a un abundante número de cafés, restaurantes, heladerías y cines.

Wagner Haus

PLANO F3 ▪ Linke Wienzeile 38

Cerca de la Majolika Haus está otro edificio Jugendstil de Otto Wagner. Esta casa de seis pisos tiene una fachada enlucida decorada con elementos de estuco dorados. Entre las ventanas de la última hilera hay unos medallones dorados con rostros femeninos, obra de Koloman Moser (1868-1918). Debajo, unas plumas de pavo alcanzan las ventanas del piso inferior. Sobre la esquina redondeada, que tiene un porche de acero y cristal, hay unas figuras femeninas obra de Othmar Schimkowitz (1864-1947).

UN DÍA POR LA ÓPERA Y EL NASCHMARKT

MAÑANA

Comienza el día admirando la majestuosa **Staatsoper** *(ver pp. 36-37)* neorrenacentista, y después recorre la Operngasse hacia el **Pabellón de la Secesión** *(ver pp. 38-39)*. Puedes contemplar durante horas el hermoso exterior de la obra maestra secesionista *art nouveau* de Olbrich, con su cúpula ornamentada hecha de hojas de laurel, pero no te pierdas el impresionante *Friso de Beethoven*.

Haz un descanso en el histórico **café Museum** *(ver p. 118)*, diseño de Adolf Loos de 1899.

En el **Naschmarkt** puedes recorrer los puestos y disfrutar de su animado ambiente, y de paso echar un vistazo a la calle donde quedan el **Theater an der Wien**, la **Majolika Haus** *(ver p. 115)* y la **Wagner Haus.**

Para comer, elige cualquiera de los cafés o restaurantes del Naschmarkt, como, por ejemplo, **Do An** *(ver p. 119)*.

TARDE

Sube por la **Mariahilfer Strasse** hasta llegar a una zona de tiendas en la que puedes pasar el resto de la tarde mirando escaparates.

Si decides permanecer en esta zona hasta la noche, una buena idea es acudir a una representación de ópera en la **Staatsoper** o en el **Theater an der Wien.** En cualquiera de los dos casos tienes que reservar las entradas con antelación.

Cafés y bares

1 Café Drechsler

PLANO F2 ▪ Linke Wienzeile 22 ▪ www.drechsler-wien.at

Reformado con elegancia por los arquitectos británicos Conran & Partners, un legendario local que ha vuelto a ser el mejor lugar para tomar una copa tarde o desayunar temprano.

2 Café Sperl

PLANO K6 ▪ Gumpendorfer Strasse 11 ▪ www.cafesperl.at

Este elegante café *(ver p. 77)* lleva en activo desde el siglo XIX, y siempre ha tenido fama de ser la guarida de artistas, músicos, actores y aristócratas.

Un cruasán del Café Museum

3 Barfly's Club

PLANO F2 ▪ Esterhazygasse 33 ▪ www.barflys.at

Un bar de moda dentro del hotel Fürst Metternich con gran variedad de cócteles, whiskies y rones, así como jazz y swing en directo.

4 Wein & Co Bar

PLANO L6 ▪ Linke Wienzeile 4 ▪ www.weinco.at

Justo frente al Pabellón de la Secesión *(ver p. 32-33)*, esta vinoteca y tienda con más de 60 vinos de todo el mundo es un lugar de moda. También ofrece comida italiana.

El interior *chic* de Wein & Co Bar

5 Naschmarkt Deli

PLANO F4 ▪ Puesto del Naschmarkt 421–36 ▪ www.naschmarkt-deli.at

Este pequeño café, entre los bulliciosos puestos del Naschmarkt, sirve estupendos desayunos y durante el día todo tipo de comida, desde vienesa a turca.

6 Café Museum

PLANO M5 ▪ Operngasse 7 ▪ www.cafemuseum.at

El diseño minimalista de Adolf Loos hace de este café una buena opción para observar a los lugareños mientras se toma un café y una tarta deliciosa *(ver p. 76)*.

7 Tanzcafé Jenseits

PLANO F2 ▪ Nelkengasse 3 ▪ www.tanzcafe-jenseits.com

Este acogedor bar con lujosa decoración en tonos rojizos tiene un cierto aire al antiguo Hollywood. Hay también una pequeña pista de baile.

8 Heuer am Karlsplatz

PLANO F4 ▪ Treitlstrasse 2 ▪ www.heuer-amkarls platz.com

Sirve una versión moderna de los platos clásicos austriacos, con ingredientes ecológicos y de origen local.

9 Café Europa

PLANO E2 ▪ Zollergasse 8 ▪ www.cafeeuropa.at

Lo más parecido a un *diner* americano de Viena, tanto por su ambiente como por la carta. Sabrosas bebidas y comida abundante *(ver p. 76)*.

10 Café Ritter

PLANO F2 ▪ Mariahilfer Strasse 73 ▪ www.caferitter.at

Café tradicional en una zona comercial con una gran selección de cafés, tartas, tentempiés y prensa. Un buen descanso en una jornada de compras.

Dónde comer

PRECIOS

Una comida de tres platos con media botella de vino (o equivalente), servicio e impuestos incluidos.

€ menos de 35 € **€€** 35–70 € **€€€** más de 70 €

1 Umarfisch

PLANO F3 ■ Naschmarkt Stand 76–79 ■ 01 587 04 56 ■ Cerrado do ■ €€

Mariscadas y ostras deliciosas con vino espumoso, en un restaurante de pescado.

2 Theatercafé

PLANO F3 ■ Linke Wienzeile 6 ■ 01 585 62 62 ■ Cerrado do ■ €€

Cocina austriaca con influencias italiana y asiática. Suele llenarse tras las funciones del teatro contiguo.

6 Steman

PLANO F1 ■ Otto-Bauer Gasse 7 ■ 01 597 85 09 ■ Cerrado sá y do ■ No admite tarjetas de crédito ■ €€

Se pueden reservar catas de vino o cenar platos típicos vieneses en este acogedor restaurante de mesas alargadas *(ver p. 79)*.

Vistoso exterior de Do An por la noche

7 Indian Pavilion

PLANO F3 ■ Naschmarkt 74–5 ■ 01 587 85 61 ■ Cerrado noches y do ■ €

El restaurante indio más pequeño de Viena es también el mejor. La sopa de lentejas, con *pickle* de mango y un curry son imprescindibles. Hay que ir pronto porque se llena rápido.

3 Do An

PLANO F4 ■ Puesto 412 del Naschmarkt stall ■ 01 585 82 53 ■ Cerrado do ■ No admite tarjetas de crédito ■ €€

Restaurante de cocina variada. Su tofu ahumado con zanahorias, cebolletas y calabacines salteados es delicioso.

4 Salzberg

PLANO G2 ■ Magdalenenstrasse 17 ■ 01 581 62 26 ■ €€

Creativos platos vieneses con cerveza del este de Austria. El bufet del *brunch* los fines de semana es excelente.

5 Zu den drei Buchteln

PLANO G3 ■ Wehrgasse 9 ■ 01 587 83 65 ■ Cerrado do y festivos ■ No admite tarjetas de crédito ■ €€

Este local *(ver p. 79)* sirve especialidades bohemias como los *buchteln* (pasteles de levadura).

8 Café Amarcord

PLANO F3 ■ Rechte Wienzeile 15 ■ 01 587 47 09 ■ Cerrado sá y do ■ No admite tarjetas de crédito ■ €€

Lugar muy tranquilo (abre hasta la 1.00), con sofás de cuero, perfecto tras visitar el Naschmarkt. Comida sabrosa con opciones variadas.

9 Restaurant Sopile

PLANO F4 ■ Paulanergasse 10 ■ 01 585 24 33 ■ Cerrado mediodías, do y festivos ■ €€

Restaurante istrio; su punto fuerte son los platos de pescado y las trufas. Tiene una carta de vinos excelente.

10 Chang

PLANO F4 ■ Waaggasse 1 ■ 01 961 92 12 ■ Cerrado do ■ €

Moderno *noodle bar* con comida asiática sencilla y a buen precio. Tiene menú del día de lunes a viernes.

Ver plano en pp. 114-115

TOP 10 De la Karlskirche al Belvedere

La zona entre la Karlskirche y el Belvedere está repleta de mansiones y residencias de verano de los siglos XVIII y XIX. La aristocracia construyó aquí sus palacios estivales porque se consideraba un área campestre cercana a la ciudad. El Belvedere, residencia de verano del príncipe Eugenio, domina la zona, aunque edificios como el Palais Schwarzenberg y el Palais Hoyos también merecen una visita. Hoy, muchos de estos edificios son embajadas, y algunos jardines privados son parques públicos. Fue aquí donde en tiempos de Roma se extendió el campamento militar de Vindobona. Las principales calles de la zona, Landstrasser, Hauptstrasse y Rennweg, siguen el trazado de las antiguas calzadas romanas.

Cúpula pintada de la Salesianerinnenkirche

DE LA KARLSKIRCHE AL BELVEDERE

❶ **Imprescindible** *ver pp. 121-123*

① **Dónde comer** *ver p. 125*

① **Cafés y bares** *ver p. 124*

0 metros 400

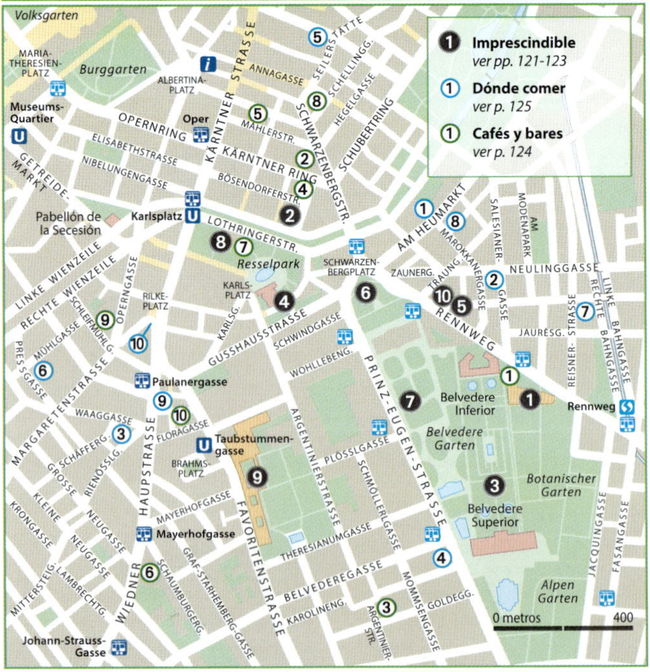

1 Salesianerinnenkirche

PLANO F6 ■ Rennweg 8–10 ■ Solo abierto durante los servicios, 7.00 lu-sá, 9.00 do

Amalia Guillermina (1673-1742), viuda del emperador José I, fundó este monasterio salesiano en 1717 en agradecimiento por haberse curado de la viruela. El arquitecto Donato Felice d'Allio terminó este complejo de ocho grandes patios en 1728 que, junto con el Belvedere y el Palais Schwarzenberg forma un magnífico conjunto barroco. La cúpula está decorada con frescos del pintor rococó Antonio Pellegrini (1675-1741), que representan la Asunción de la Virgen. Por deseo de Amalia Guillermina, su cuerpo reposa bajo el altar mayor, aunque su corazón fue colocado en una urna dentro del ataúd de su marido en la Cripta imperial del Neuer Markt.

2 Musikverein

PLANO N6 ■ Musikvereinsplatzl ■ 01 505 81 90 ■ Se cobra entrada ■ www.musikverein.at

Esta sala de conciertos de estilo renacentista griego fue construida por Theophil von Hansen en 1869 para la Sociedad de Amigos de la Música. La Orquesta Filarmónica de Viena dio aquí su primer Concierto de Año Nuevo en 1941. De sus tres auditorios, la Sala Dorada, el principal, es el más bonito, con una decoración recargada y excelente acústica *(ver p. 72)*. Hay que llamar antes para reservar las visitas guiadas.

La Sala Dorada del Musikverein

3 El Belvedere

Sus dos edificios palaciegos del siglo XVIII están separados por jardines salpicados de fuentes, cascadas y estatuas de ninfas *(ver pp. 28-31)*.

4 Karlskirche

Esta obra maestra del barroco es una de las iglesias más impresionantes de Viena, con sus hermosas columnas talladas y la cúpula verde *(ver pp. 32-33)*.

Exterior de la Karlskirche

OTTO WAGNER

Antes de que Otto Wagner (1841-1918) fuese uno de los arquitectos más distinguidos de Viena y valedor de la arquitectura funcional, defendía la recuperación del clasicismo. Evolucionó desde el estilo neorrenacentista y sustituyó el ladrillo por el acero. Ningún otro ha dejado una huella tan profunda.

⑤ Gardekirche

PLANO F5 ■ Rennweg 5a

Esta iglesia rococó se construyó por orden de la emperatriz María Teresa en 1755, y fue su arquitecto favorito, Nikolaus von Pacassi (1716-1790), quien la concluyó en 1763. Su maciza estructura cúbica, cubierta por un tejado de tejas rojas y una cúpula verde, fue la iglesia del cercano hospital militar. Su interior está decorado con estucados, y tras el altar mayor se alza el cuadro *Cristo en la Cruz*, de Peter Strudel, fundador de la primera escuela de arte de Viena. Desde 1897 es la iglesia polaca de Viena.

⑥ Monumento de la Liberación

PLANO F5 ■ Schwarzenbergplatz

Este monumento al Ejército Rojo es un recuerdo de la posguerra, cuando Viena estaba ocupada por las cuatro potencias aliadas y dividida en cuatro zonas. Schwarzenbergplatz formaba parte de la zona soviética y se la conocía por Stalinplatz. Se erigió en 1945, y al final de la ocupación en 1955, la República prometió conservar el monumento.

⑦ Schwarzenberggarten

PLANO F5 ■ Schwarzenbergplatz 9 ■ Cerrado al público

El arquitecto barroco Lukas von Hildebrandt recibió el encargo de construir un palacio de verano en 1697, que después compró la influyente familia Schwarzenberg en 1720. Los arquitectos Johann Bernhard Fischer von Erlach y su hijo Joseph Emanuel continuaron con la decoración del palacio y el diseño del jardín francés.

⑧ Pabellón Otto Wagner

PLANO F4 ■ Karlsplatz ■ Exposición: Horario: abr-oct: 10.00-18.00 ma-do (cerrado festivos) ■ Se cobra entrada (gratis menores de 19)

Los dos pabellones de la Karlsplatz fueron obra del arquitecto Otto Wagner en 1897, que las concibió como estaciones gemelas para el sistema de trenes, carruajes y predecesores a vapor de la actual red de metro de la ciudad. En total, diseñó 34 estaciones y varios puentes y viaductos para la línea

Interior del Pabellón Otto Wagner

de tren, concluida en 1901. Los pabellones de la Karlsplatz son de acero y placas de mármol, y el tejado que cubre la entrada está decorado con dorados. Las dos estaciones quedaron obsoletas cuando se hicieron las líneas de metro, y hoy una la usa el Wien Museum y la otra es un café *(ver p. 124).*

9 Theresianum

PLANO G4 ■ Favoritenstrasse 15 ■ Cerrado al público

En el asentamiento de esta escuela de élite se alzaba un palacio de verano imperial destruido por las tropas turcas en 1683. Sobre sus ruinas, el arquitecto italiano Lodovico Burnacini construyó el Theresianum (1687-1690). Este edificio alargado, con una sobria fachada, debe su nombre a la emperatriz María Teresa, que fundó en él un instituto para educar a la joven aristocracia. Hoy alberga un colegio de élite y una escuela diplomática.

10 Palais Hoyos

PLANO F5 ■ Rennweg 3 ■ Cerrado al público

El famoso Otto Wagner se construyó este palacio neorrenacentista como residencia en 1891, antes de unirse al movimiento secesionista. Las ventanas del último piso están enmarcadas con motivos florales, y las plantas baja y primera son de piedra blanca.

UN DÍA ENTRE LA KARLSPLATZ Y EL BELVEDERE

MAÑANA

Comienza el día en la Karlsplatz recorriendo el **Pabellón Otto Wagner** en el Resselpark y visita la espléndida **Karlskirche** *(ver pp. 32-33).* A la izquierda de la iglesia queda el **Wien Museum Karlsplatz** *(ver p. 57),* un gran lugar donde pasar una o dos horas descubriendo la historia de la ciudad. Admira las pinturas de Klimt y Schiele y el auténtico cuarto de estar de Adolf Loos de 1903.

Haz una pausa en Argentinierstrasse, a la derecha de la Karlskirche, para tomar un café con un dulce en **Café Goldegg** *(ver p. 124).*

Sigue caminando hacia el este en dirección al **monumento de la Liberación,** continúa por el Rennweg y pasa junto al Palais Hoyos, de Otto Wagner. Puedes comer en **Salm Bräu** *(ver p. 124).*

TARDE

Es el momento de ir al **Belvedere** *(ver pp. 28-31).* Tras admirar la colección del **Belvedere Inferior,** cruza los jardines hasta el **Belvedere Superior,** sede de la Galería Nacional Austriaca, con obras de Schiele, Klimt, Gerstl y Attersee. También puedes visitar la galería **Belvedere 21** *(ver p. 29),* a 10 minutos andando, en Arsenalstrasse 1, con exposiciones de arte austriaco desde 1945 hasta hoy.

Para un concierto en la **Konzerthaus** *(ver p. 73)* o en la **Musikverein** *(p. 121)* tienes que reservar.

Ver plano en p. 120

Cafés y bares

El comedor tradicional de Salm Bräu

1 Salm Bräu
PLANO F5 ■ Rennweg 8 ■ www.salmbraeu.com

Suculentos platos con cerveza elaborada en el propio local. Hay muchos tipos de salchichas y pan con distintas salsas.

2 Café Schwarzenberg
PLANO N6 ■ Kärntner Ring 17 ■ www.cafe-schwarzenberg.at

Café tradicional, con interiores de lujo, con mesas en la terraza exterior para el verano. Hay desayunos con jazz, exposiciones temporales de artistas vieneses, y conciertos de piano de jueves a domingo por la noche.

3 Café Goldegg
PLANO H5 ■ Argentinierstrasse 49/esquina a Goldeggasse ■ www.cafegoldegg.at

Tranquilo café en el que retirarse a leer. Tiene una sala para jugar a las cartas y al ajedrez.

4 Café Imperial
PLANO N6 ■ Kärntner Ring 16 ■ www.cafe-imperial.at

Este café inaugurado en 1873 para la Exposición Universal está en la antigua residencia del príncipe de Würtenberg. Hay que degustar una taza de café con una de sus tartas, marca de la casa.

5 Bristol Lounge
PLANO E4 ■ Mahlerstrasse 5 ■ www.dastriest.at

Música de piano en directo, con acogedora chimenea y una de las mejores cartas de vinos de Viena. La proximidad a la Ópera del Estado atrae a un público formal.

6 Café Wortner
PLANO G4 ■ Wiedner Hauptstrasse 55 ■ www.wortner.at

Gran café histórico con un aire de la época Biedermeier, agradable para sentarse en la terraza.

7 Café Karl-Otto
PLANO F4 ■ Pabellón Otto Wagner, Karlsplatz ■ www.jugendstilcafe.at

Concurrido café restaurante que durante el día sirve comida vienesa tradicional y por la noche se convierte en un club con DJ de todo el mundo.

8 Flanagan's Irish Pub
PLANO N5 ■ Schwarzenbergstrasse 1-3 www.flanagans.at

Pintas de Guinness en un entorno irlandés tradicional. Todo el mobiliario es importado de Cork.

9 Point of Sale
PLANO F4 ■ Schleifmühlgasse 12 ■ www.thepointofsale.at

Un café de diseño con desayunos internacionales, tartaletas y sándwiches hasta la tarde.

10 Artner auf der Wieden
PLANO G4 ■ Floragasse 6 ■ www.artner.co.at

Un acogedor restaurante y vinatería. El queso de cabra marinado en aceite de oliva y hierbas casero es delicioso. Tiene tienda de vinos.

Ver plano en p. 120

Dónde comer

PRECIOS
Una comida de tres platos con media botella de vino (o equivalente), servicio e impuestos incluidos.

€ menos de 35 € €€ 35–70 € €€€ más de 70 €

1 EssDur

PLANO P6 ■ Am Heumarkt 6 ■ 01 512 55 50 ■ €€

Para disfrutar de una cena antes del concierto, este es el restaurante *(ver p. 79)* del magnífico Konzerthaus.

2 Santa Lucia

PLANO F6 ■ Salesianergasse 10 ■ 01 714 21 63 ■ €

El único restaurante indio/italiano de Viena, favorito de los lugareños. Tiramisú gratis con la cena.

3 Wieden Bräu

PLANO G4 ■ Waaggasse 5 ■ 01 586 03 00 ■ €

Esta cervecería con jardín con comida vienesa fabrica su propia cerveza en la destilería, que se puede visitar.

4 Art Corner

PLANO G5 ■ Prinz-Eugen-Strasse 56/1 ■ 01 505 18 21 ■ €€

Cerca del Belvedere, restaurante griego tradicional con terraza. El propietario recibe calurosamente.

5 Ribs of Vienna

PLANO N4 ■ Weihburggasse 22 ■ 01 513 85 19 ■ €€

Un comedor estrecho con bancos, en un sótano abovedado de 1591. Hay que probar las populares "costillas de un metro".

6 Gasthaus Ubl

PLANO F3 ■ Pressgasse 26 ■ 01 587 64 37 ■ Cerrado lu y ju ■ No admite tarjetas de crédito ■ €

Probablemente, el último restaurante estilo *gasthaus* de Viena. Perfecto para cenar, está decorado con barriles, y sirve comida clásica vienesa.

7 Zur Steirischen Botschaft

PLANO F6 ■ Strohgasse 11 ■ 01 712 33 67 ■ Cerrado sá, do y festivos ■ €

Especializado en platos de la provincia del sur del país Estiria, el local tiene un agradable jardín.

8 Gmoa Keller

PLANO P6 ■ Am Heumarkt 25 ■ 01 712 53 10 ■ Cerrado do y festivos ■ €€

Un favorito de los músicos de los auditorios cercanos, famoso por los *schnitzels,* platos de temporada y sus vinos.

9 Wiener Wirtschaft

PLANO G4 ■ Wiedner Hauptstrasse 27-29 ■ 01 22 111 364 ■ €

A pocos pasos de Karlsplatz, este restaurante sirve platos austriacos, y la especialidad es el *gulasch*.

10 Bistro Porto

PLANO F4 ■ Wiedner Hauptstrasse 12 ■ 01 589 18 0 ■ Cerrado do ■ €€€

Buena cocina italiana en el elegante marco del Hotel Das Triest *(ver p. 142)*.

El elegante comedor de Bistro Porto

TOP 10 Las afueras

Cabezas de caballo de la pared del establo de Hermesvilla

La ciudad se alza donde las onduladas colinas de los Bosques de Viena se funden con la cuenca de Viena, la Wiener Becken; desde aquí se extiende a ambos lados del Danubio. Los Bosques de Viena son un acogedor cinturón verde y lugar de ocio para sus habitantes. Barrios residenciales como Grinzing y Nussdorf, antaño localidades independientes, fueron absorbidos por la ciudad. En los siglos XVII y XVIII las familias nobles construyeron sus residencias de verano cerca de la capital, pero lo bastante alejadas como para beneficiarse del frescor del campo los meses más calurosos. Algunos ejemplos son el Schloss Schönbrunn, Geymüllerschlössel y Hermesvilla. También alejado del centro por razones de higiene se encuentra el cementerio más grande del país: el Zentralfriedhof.

LAS AFUERAS

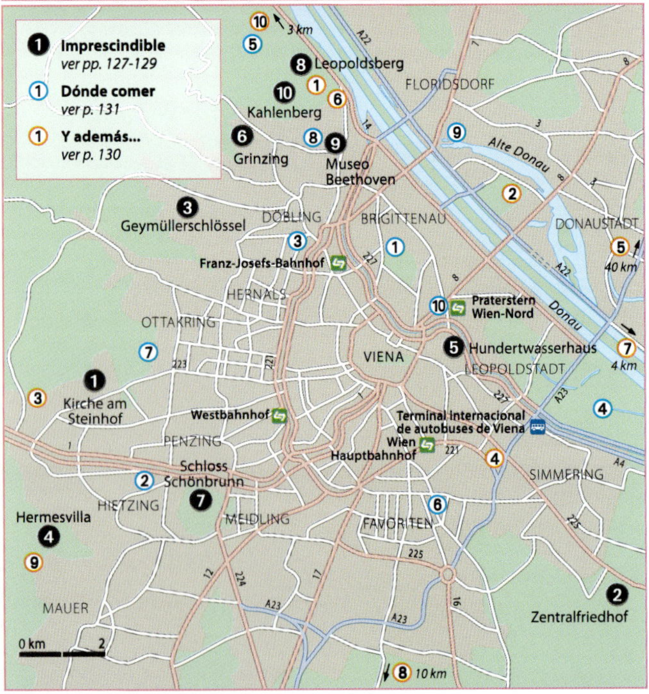

1 **Imprescindible**
ver pp. 127-129

1 **Dónde comer**
ver p. 131

1 **Y además...**
ver p. 130

1 Kirche am Steinhof
2 Zentralfriedhof
3 Geymüllerschlössel
4 Hermesvilla
5 Hundertwasserhaus
6 Grinzing
7 Schloss Schönbrunn
8 Leopoldsberg
9 Museo Beethoven
10 Kahlenberg

FLORIDSDORF
Alte Donau
DONAUSTADT
BRIGITTENAU
DÖBLING
Franz-Josefs-Bahnhof
HERNALS
OTTAKRING
Praterstern Wien-Nord
Donau
VIENA
LEOPOLDSTADT
Westbahnhof
Terminal internacional de autobuses de Viena
Wien Hauptbahnhof
PENZING
SIMMERING
HIETZING
MEIDLING
FAVORITEN
MAUER
3 km
40 km
4 km
10 km
0 km 2

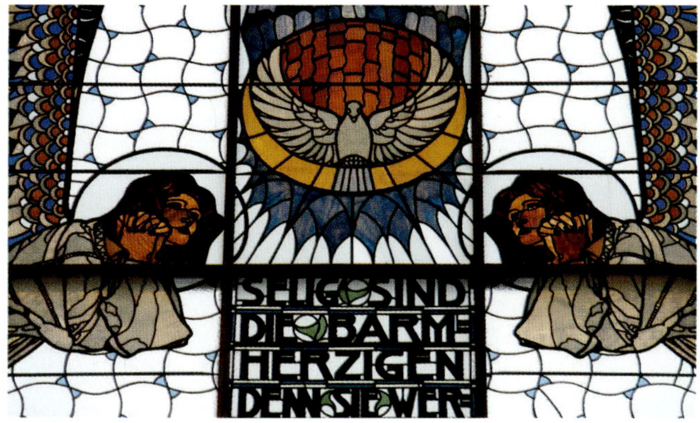

Detalle del exterior de la Kirche am Steinhof, de estilo *art nouveau*

1 Kirche am Steinhof

Baumgartner Höhe 1 ■ Autobuses 47A, 48A ■ 01 910 60 11 007 ■ Horario: 16.00-17.00 sá, 12.00-16.00 do ■ Se cobra entrada

Esta iglesia *(ver p. 51)*, otra obra maestra de Otto Wagner *(ver p. 122)*, se construyó entre 1905 y 1907 para los pacientes del hospital psiquiátrico Steinhof. El complejo hospitalario, cerca de los Bosques de Viena, pretendía acercar a los pacientes a un entorno más sano y natural que les ayudase en la recuperación. La cúpula dorada de su iglesa se ve desde la Glorieta del parque Schönbrunn.

2 Zentralfriedhof

Simmeringer Hauptstrasse 234, Tor 2 ■ Tranvías 6 y 71 ■ Horario: amanecer-anochecer

Desde su apertura en 1874, más de tres millones de personas han sido enterradas en las 2,5 hectáreas de este cementerio, entre ellos 500 políticos, compositores y actores austriacos. Max Hegele, un discípulo de Otto Wagner, diseñó la puerta de entrada, el depósito de cadáveres y la Dr-Karl-Lueger-Gedächtniskirche, que lleva el nombre de un alcalde de Viena (1897-1910). La iglesia es uno de los edificios *art nouveau* más importantes de la ciudad. En el cementerio hay zonas de enterramiento independientes para los fieles de distintas religiones.

3 Geymüllerschlössel

Pötzleinsdorferstrasse 102 ■ Horario: may-dic: 11.00-18.00 sá y do ■ Tranvía 41 después autobús 41A ■ 711 36 298 ■ Se cobra entrada (gratis menores de 19)

Un palacio de verano apartado, estilo Biedermeier. Pertenece al Museo de Artes Aplicadas, y tiene 170 relojes, entre ellos un reloj de música vienés (*c.*1800), con música de Haydn.

4 Hermesvilla

Lainzer Tiergarten ■ U-Bahn U4 a Heitzing; tranvías 60 o 62 hasta Hermesstrasse y luego autobús 60B a Lainzer Tor ■ Horario: med mar-oct: 10.00-18.00 ma-do y festivos ■ Se cobra entrada (gratis menores de 19 y primeros do de mes) ■ www.wienmuseum.at

Francisco José mandó construir este palacio para su esposa Isabel entre 1882 y 1886, obra del arquitecto Karl von Hasenauer. Recibe su nombre por la estatua de Hermés del parque.

El bonito palacio Hermesvilla

La vistosa Hundertwasserhaus

5 Hundertwasserhaus

Este bloque de apartamentos, donde están posiblemente las viviendas más originales del mundo, fue construido en 1985 por el artista Friedensreich Hundertwasser *(ver pp. 40-41)*.

6 Grinzing

U-Bahn U4, U6; tranvía 38

Viena es la única capital del mundo donde las viñas crecen dentro de los límites urbanos, con cerca de 675 hectáreas de viñedos. La comunidad vinícola más conocida es Grinzing. Este antiguo pueblecito de vinateros situado a las afueras es hoy un núcleo de *heurigen*, y multitud de vieneses y visitantes llenan estas tabernas *(ver pp. 80-81)*. Sus estrechas callejuelas siguen conservando su antiguo encanto rural.

7 Schloss Schönbrunn

Este palacio imperial barroco con unos impresionantes jardines es uno de los monumentos más visitados de Viena *(ver pp. 42-45)*.

8 Leopoldsberg

Tren Nussdorf; autobús 38A; U-Bahn U4 Heiligenstadt

La montaña de Leopoldsberg domina el valle del Danubio. Desde sus 425 metros se contempla una magnífica vista del entorno de Viena. Debe su nombre al gobernante de los Babenberg Leopoldo III (1073-1136), y en ella todavía pueden verse las ruinas del castillo Babenberg, del siglo XIII, destruido por los turcos en 1529. Una iglesia aún más antigua situada en la cima también fue destruida por los turcos, siendo reemplazada por otra de estilo barroco en el siglo XVIII. Junto a Leopoldsberg hay otra cima ligeramente más alta: Kahlenberg.

LOS BOSQUES DE VIENA

Los Bosques de Viena, que se extienden hacia el oeste de la ciudad, fueron declarados zona protegida por Federico III en 1467, por lo que no se han visto amenazados por la construcción de carreteras, sino por la población que iba a cortar leña. En el siglo XIX se pensó en talar el bosque para obtener recursos, pero hoy es un paraje muy popular entre los vieneses para ir de excursión.

9 Museo Beethoven

Probusgasse 6 ■ U-Bahn U4, U6; Autobús 38A ■ Horario: 10.00-13.00, 14.00-18.00 ma-do ■ Se cobra entrada (gratis menores de 19 y primeros do de mes)

Esta casita donde pasaba el verano Ludwig van Beethoven fue ampliada por el Wien Museum en 2017 e inaugurada como primer gran museo Beethoven de Viena. El famoso compositor acudía a la

entonces localidad rural de Heligenstäder para que sus aguas medicinales le aliviaran la sordera. Por desgracia, no sirvió de nada. En 1802, estando allí, redactó el Testamento de Heiligenstädter, una conmovedora carta a sus hermanos. Sin embargo, nunca la envió.

Vista del Danubio en el Kahlenberg

10 Kahlenberg

U-Bahn U4 a Heiligenstadt y luego autobús 38A

Cubiertos de árboles y viñedos, los 484 m de la montaña Kahlenberg se elevan en el límite de los Bosques de Viena. La Höhenstrasse, una ruta panorámica bordeada de árboles desde la que a veces se ve la ciudad, serpentea desde Grinzing. En su punto más alto hay una impresionante vista de Viena. Durante el asedio turco de 1683, las tropas polacas del rey Jan III Sobieski descendieron desde la cima y derrotaron al ejército turco el 12 de septiembre de ese año. La iglesia barroca en lo alto de Kahlenberg conmemora el acontecimiento.

La espectacular fachada del Schloss Schönbrunn

UN DÍA EN LAS AFUERAS DE VIENA

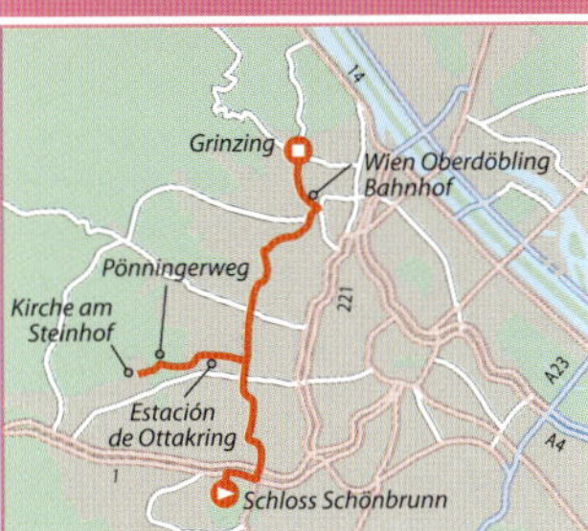

MAÑANA

Para evitar multitudes y disfrutar de tranquilidad, lo mejor es comenzar visitando la antigua residencia veraniega imperial, el **Schloss Schönbrunn** *(ver pp. 42-45)*. Puedes pasar el día en el palacio recorriendo el parque, paseando por el jardín francés o visitando el zoo más antiguo del mundo. Dirígete hacia el extremo del parque hasta llegar al café que hay en la Glorieta para tomar algo y disfrutar de unas magníficas vistas del palacio y la ciudad.

Recorre el parque en dirección a la puerta Hietzinger. A la vuelta de la esquina está la Plachutta Heitzing *(Auhofstrasse 1)*, donde puedes saborear un auténtico *tafelspitz* *(ver p. 74)* para comer.

TARDE

Después de comer, dirígete a la **Kirche am Steinhof** *(ver p. 127)*. Toma el U-bahn U4 Schönbrunn hasta la parada Unter St Veit y cruza la calle hasta la parada del autobús 47A que pasa por el cementerio de Baumgarten de camino al Hospital Otto Wagner. Desde allí, un camino sube a la iglesia.

Desde Kirche am Steinhof, para pasar una tarde relajada, puedes dirigirte a las frondosas *heuringen* de Grinzing.

Camina hacia el norte desde la iglesia por el sendero hasta Pönningerweb. Desde aquí, el autobús 46A lleva a la estación de Ottakirng. Después, toma el tren Schnellbahn S45 hasta Wien Oberdöbling Bahnhof, desde donde el tranvía 38 va directo a **Grinzing.**

Ver plano en p. 126

Y además...

1 Nussdorf

Tren Nussdorf; tranvía D

Su pintoresco entorno de lomas cubiertas de viñedos se complementa con largas y estrechas calles.

2 Centro Internacional de Viena

Wagramerstrasse 5 ■ U-Bahn U1 ■ Visitas guiadas (con DNI) 11.00, 14.00 y 15.30 lu-vi (jul-ago: también 12.30); horario de Donauturm: 10.00-11.30 diario ■ Se cobra entrada ■ www.unvienna.org

Este centro, la sede de Naciones Unidas, se conoce también como UNO City. Junto al complejo está Donaupark, con la icónica Donauturm.

3 Museo Ernst Fuchs

Hüttelbergstrasse 26 ■ U-Bahn U4; autobús 52A, 52B ■ Horario: 10.00-16.00 ma-do y mediante cita (llamar al 01 914 85 75) ■ Se cobra entrada ■ www.ernstfuchs museum.at

Otto Wagner construyó esta villa, que luego modificó Ernst Fuchs, cuyas pinturas se exhiben aquí.

4 Sankt-Marxer-Friedhof

Leberstrasse 6–8 ■ S-Bahn S1, S7; tranvía 71 ■ Horario: 6.30–20.00 diario (oct–mar 17.00)

En este cementerio yacen austriacos destacados, entre ellos Mozart.

5 Schloss Hof

Imperial Festival Palace Hof ■ Tren a Marchegg, luego lanzadera ■ Horario: abr-oct 10.00-18.00 diario (med nov-med mar 16.00) ■ www.schlosshof.at

Antigua casa de campo del príncipe Eugenio de Saboya y después de la emperatriz María Teresa.

6 Lehár-Schikaneder Schlössl

Hackhofergasse 18 ■ U-Bahn U4; S-Bahn S40; tranvía D ■ Abierto mediante cita (llamar al 01 318 5416)

Este palacio barroco fue residencia de Emanuel Schikaneder, que escribió el libreto de *La flauta mágica*, y después lo fue del compositor Franz Lehár.

7 Lobau

U-Bahn U1 o U2, luego autobús 26A o 291

Lobau, un parque nacional llamado "la selva de Viena",tiene lagos, bosques recónditos y fauna.

8 Laxenburg

U-Bahn U1, después autobús 200 ■ www.schloss-laxenburg.at

El palacio Laxenburg y su parque fueron fundados por la emperatriz María Teresa en el siglo XVIII.

9 Lainzer Tiergarten

1130 Vienna ■ U-Bahn Hütteldorf; U-Bahn U4 Heitzing, luego autobús 56B ■ Horario: 8.00-anochecer diario ■ www.lainzer-tiergarten.at

Un antiguo coto de caza que rodea la Hermesvilla *(ver p. 127)*, ahora es un refugio de vida salvaje que alberga jabalíes, venados y muflones, con puestos de observación y pasarelas.

10 Klosterneuburg

U-Bahn U4, luego autobús 540

Antiguo pueblo con una abadía agustina impresionante *(ver p. 86)*, que fundó a principios del siglo XII Leopoldo III de Babenberg.

El palacio de Schloss Hof

Dónde comer

PRECIOS
Una comida de tres platos con media botella de vino (o equivalente), servicio e impuestos incluidos.

€ menos de 35 € €€ 35–70 € €€€ más de 70 €

1 Mraz & Sohn

Wallensteinstrasse 59 ■ Tranvía 5, 33 ■ 01 330 45 94 ■ Cerrado sá, do y festivos ■ €€€

Con dos estrellas Michelin, es uno de los mejores restaurantes de Viena. Innovadora cocina de autor en un ambiente relajado.

2 Café Dommayer-Oberlaa

Esquina Dommayergasse/ Auhofstrasse 2 ■ U-Bahn U4 ■ 01 877 54 65 ■ €

Típico café con tapicería de terciopelo rojo, terraza de madera y un bonito jardín. Johann Strauss actuar aquí.

3 Fischer Bräu

Billrothstrasse 17 ■ U-Bahn U6; tranvía 37, 38 ■ 01 369 59 49 ■ No admite tarjetas de crédito ■ €

Un *biergärten* y restaurante muy agradable con cerveza de elaboración propia e interior de madera.

4 Café-Restaurant Lusthaus

Freudenau 254, final de Prater Hauptallee ■ Autobús 77A ■ 01 728 95 65 ■ Cerrado mi oct-abr ■ €€

Este pabellón octogonal del Prater se construyó en 1874 para celebrar una fiesta de caza imperial. Ahora es un encantador restaurante con vistas al parque.

5 Skyline Lounge Restaurant

Am Kahlenberg 2–3 ■ U-Bahn U4 a Heiligenstadt, luego autobús 38 ■ 01 328 15 00 700 ■ €€€

Ideal para una ocasión especial, con un menú de varios platos que se puede disfrutar en la terraza con vistas panorámicas de Viena.

6 Meixner's Gastwirtschaft

Buchengasse 64 ■ U-Bahn U1 ■ 01 604 27 10 ■ Cerrado sá y do ■ €€

Este negocio familiar prepara platos vieneses al más alto nivel. Se recomienda probar el cordero austriaco.

Patio de Meixner's Gastwirtschaft

7 Plachuttas Grünspan

Ottakringer Strasse 266 ■ U-Bahn U3; autobús 45A, 46A; tranvía 46 ■ 01 480 57 30 ■ No admite tarjetas de crédito ■ €€

La cervecería más aclamada de Viena, con sitio dentro para sentarse en todas las épocas del año.

8 Amador

Grinzingerstrasse 86 ■ U-Bahn U4 a Heiligenstadt, luego autobus 38A ■ 01 660 90 70 500 ■ Cerrado sá y do ■ €€€

En una bodega abovedada, este tres estrellas Michelin ofrece una atrevida gastronomía y vinos increíbles.

9 La Creperie

An der Oberen Alten Donau 6 ■ U-Bahn U6 ■ 01 270 31 00 ■ €€

Abierta hasta las 24.00, la frecuentan turistas y vieneses por igual.

10 Geschmacks-Tempel

PLANO B6 ■ Praterstrasse 56, patio interior ■ U-Bahn Nestroyplatz ■ 01 214 01 79 ■ Cerrado lu y festivos ■ €€

Cerca de la casa donde se escribió *El Danubio azul*, ofrece menús a buen precio en un entorno íntimo.

Ver plano en p. 126

Datos útiles

Exterior de la Hundertwasserhaus

Cómo llegar y moverse

Llegada en avión

El **aeropuerto internacional de Viena**, conocido entre los lugareños como Schwechat, opera con más de 100 aerolíneas y se encuentra a 19 km al sudeste del centro de la ciudad. El aeropuerto tiene las instalaciones habituales, incluyendo restaurantes, tiendas libres de impuestos y cajeros automáticos.

Para llegar al centro, los taxis tienen una tarifa fija de 36 €. Los autobuses Vienna Airport Lines van a las zonas más importantes por 8 € (gratis menores de 14 años). El City Airport Train, **CAT,** es un tren de primera clase, directo, y tarda 16 minutos en llegar a la estación de Wien Mitte por 12 € (los menores de 12 años es gratis). Una opción aún más rápida es el nuevo tren de alta velocidad, Railjet, que tarda 15 minutos hasta la principal estación de la ciudad, Hauptbahnhof, por 4,20 €. También está el S7, un tren un poco más lento que para en las estaciones más céntricas de Wien Mitte (25 min) y Wien Praterstern (30 min). Cuesta lo mismo que el Railjet.

Una forma más barata de ir a Viena es llegar al aeropuerto de Bratislava **(aeropuerto Milan Rastislav Štefánik),** en la vecina Eslovaquia, a menos de dos horas en coche del centro de Viena, y a donde operan la mayoría de las compañías *low cost.*

Autocares de largo recorrido

La principal estación de autobuses de Viena, la **Terminal internacional de autobuses de Viena** está cerca de la estación Erdberg, de la línea U3 de metro. Hay conexiones con todas las principales ciudades europeas.

Postbus y **Flixbus** van a todo Austria y Eslovaquia. Sus autocares llegan a la terminal de autobuses de Wien Hauptbahnhof.

Trenes regionales y de cercanías

Moverse en tren es la forma más rápida de ir por Austria, que tiene una red de alta velocidad excelente y buenos servicios de cercanías.

Casi todos los viajes en tren los opera la **Österreichische Bundesbahnen** (Ferrocarriles federales de Austria), más conocida como la ÖBB.

El tren más veloz, el Railjet, llega a alcanzar los 230 km por hora y une Viena con las principales ciudades austriacas, incluyendo Salzburgo, Linz, Graz, así como con ciudades de Italia, Alemania, la República Checa y Suiza. Tiene entretenimientos a bordo, acceso a Internet y enchufes para cargar los ordenadores portátiles. Los trenes de cercanías, más lentos, van a las ciudades y pueblos más pequeños, pero para llegar a los sitios más remotos de los Alpes, hay que recurrir a los servicios regionales de autobús.

Transporte público

Wiener Linien es la operadora principal del transporte público de Viena. En las oficinas de información y billetes, así como en su página web, se puede obtener toda la información referente a medidas de seguridad e higiene, horarios, precios, mapas, etc. La red de transporte público se compone de tranvías (Strassenbahn), autobuses y metro (U-Bahn).
La red de transporte se basa en la confianza: no hay torniquetes de entrada en las estaciones, lo que permite que los pasajeros entren y salgan con rapidez. Pero sí hay ocasionales controles de seguridad por el personal. Si se pide el billete *(Fahrschein)* y no se ha comprado o no es válido, la multa asciende a 103 €. Las horas punta son entre semana, de 7.00 a 9.30, y de 16.30-18.30. Está prohibido fumar en las estaciones y en el interior del transporte público.

Billetes

El sistema de billetes del transporte público de Viena es más fácil de lo que parece a primera vista. La mejor opción suele ser comprar el billete con antelación. Estos se adquieren en los quioscos y estancos *(Tabak Trafiken),* las máquinas expendedoras de las estaciones o en los mostradores de las oficinas del U-Bahn y S-Bahn.

Viena es zona 100 dentro del sistema de tarifas

regional austriaco; un billete normal cubre todas las zonas de la ciudad, y permite a los pasajeros cambiar de trenes y líneas e ir del metro a un tranvía o autobús, siempre y cuando vayan por la vía más directa y no hagan altos en el camino.

El **EASY CityPass** de Wiener Linien es una buena manera de usar el transporte público para aquellos que tengan pensado usarlo más de un día. Hay pases de 24, 48 y 72 horas, o una semana, y al adquirirlo se obtienen también descuentos en algunos museos, galerías y tiendas.

La Wiener Linien 8-Tage-Karte (40,80 €) es lo mejor para grupos, pues son ocho tiras que, cuando se sellan, valen para un día entero.

Los niños menores de 6 años viajan gratis, y los que cuyas edades comprenden entre 6 y 14 años, lo hacen por la mitad de precio. Este último grupo también puede viajar gratis los días festivos, siempre que demuestren su edad.

U-Bahn

El metro de Viena (U-Bahn) es una forma moderna, limpia, rápida y fiable de recorrer la ciudad. Está en estado de expansión, aunque esto concierne más a aquellos que viven en las afueras. El U-Bahn opera los siete días de la semana, de 5.00 a 00.30. Durante el día los trenes pasan aproximadamente cada 5 minutos, aunque la frecuencia desciende a partir de las 20.00. Los fines de semana y festivos opera 24 horas. Fuera de este horario, el U-Bahn lo sustituyen los autobuses nocturnos.

Las cinco líneas de colores del U-Bahn son U1, U2, U3, U4 y U6. Se espera que la U5 abra en 2025. La página web de Wiener Linien tiene información sobre horarios, precios y servicios. Normalmente es muy seguro, pero hay puntos de ayuda en la mayoría de los andenes en caso de emergencia.

Fumar en el anden y en los trenes está prohibido. Hay pantallas encima de las puertas de los vagones que muestran las estaciones y conexiones, y una grabación anuncia las paradas, así como los enlaces con tranvías y autobuses. En las puertas se indica dónde dejar los carritos de bebé. En algunos vagones hay sitios para bicicletas, aunque no antes de las 9.00 o entre las 15.00 y las 18.30 de lu a vi. Las puertas se abren de manera manual, y puede costar un poco

Tranvía

La red de tranvía de Viena es una de las más grandes del mundo, con casi 30 rutas. Se le llama "Bim" por el característico sonido de la campana, y es una manera deliciosa de ir por la ciudad. Lo mejor es buscar algunos de los modelos antiguos tradicionales, con asientos de madera e interiores *vintage*.

La mayoría de las atracciones del centro histórico de Viena, como la Staatsoper, el Parlamento y la Neues Rathaus están dentro del famoso trayecto Vienna Ring Tram. Lo mejor es hacer todo el recorrido, que cuesta 9 € e incluye información audiovisual sobre lo más destacado del trayecto, por un sistema multimedia en varios idiomas. La frecuencia es cada 30 minutos todo el año, de 10.00 a 17.30.

La mayoría de los tranvías tienen asientos para viajeros con necesidades específicas. Sin embargo, los tranvías modernos, con accesos para sillas de ruedas, suelen ser una opción más adecuada. Hay vehículos con la señal ULF (suelo ultrabajo).

INFORMACIÓN

LLEGADA EN AVIÓN

CAT
W cityairporttrain.com

Milan Rastislav Štefánik Airport
W bts.aero

Aeropuerto internacional de Viena
W viennaairport.com

AUTOCARES DE LARGO RECORRIDO

Flixbus
W flixbus.es

Postbus
W postbus.at

Terminal internacional de autobuses de Viena
W vib-wien.at

TRENES REGIONALES Y DE CERCANÍAS

Österreichische Bundesbahnen
W oebb.at

TRANSPORTE PÚBLICO

Wiener Linien
W wienerlinien.at

BILLETES

EASY CityPass
W easycitypass.com

Autobús

Las paradas de autobús están señalizadas con una "H" *(Haltestelle)* verde. En todas las paradas se muestran los números de línea, destinos, horarios y planos de la ruta. Los autobuses deberían parar siempre en cada parada, pero por si acaso conviene avisarlos con la mano.

Los billetes que se le compran directamente al conductor solo valen para un viaje en autobús. Si ya se ha adquirido antes en algún quiosco o máquina expendedora, habrá que validarlo sellándolo en la máquina del autobús. Si ya se ha realizado parte del trayecto en el tranvía o el U-Bahn, no hace falta sellarlo. Todos los autobuses de Viena están habilitados para sillas de ruedas.

Después de las 24.00, operan los autobuses nocturnos. Salen cada 30 minutos hasta las 4.00. Algunos horarios varían entre las noches de los días laborables (do a ju) y las de los fines de semana y festivos. Estos autobuses vienen señalizados con la letra "N". Todos empiezan en Schwedenplatz, la Ópera y Schottentor, y desde las tres se llega a casi todo el extrarradio. Se pueden comprar los billetes al conductor, y también valen los demás pases y billetes adquiridos con antelación.

Taxi

Los taxis son una manera cómoda, aunque más cara, de moverse por la ciudad. La bajada de bandera son 3,40 € durante el día, y luego 0,80 € por km. Por la noche, los domingos y festivos, la bajada de bandera son 4,30 €. Se suele redondear a 5 €.

Los taxis se reconocen fácilmente por su señal de "TAXI" en el techo, que se iluminará cuando el vehículo esté libre. Se puede reservar por teléfono o ir a una parada de taxis (estas se pueden consultar en la sección de taxis de la pagina web **Stadt Wien** (en inglés y alemán) o descargar la aplicación gratuita de taxis de Viena. También operan vehículos con conductor como Uber.

El **Faxi Taxi** es un servicio de taxi-bicicleta para moverse rápidamente por la ciudad. Se encuentran en las paradas de taxis normales, o por la calle. Los trayectos de hasta 2 km cuestan 5 €. Los trayectos de ida de más de 2 km cuestan 10 €.

Las empresas **Taxi31300, Taxi 40100** y **Taxi 60160** permiten reservar con antelación por teléfono u *online*.

En coche

A excepción de Suiza, todos los países limítrofes con Austria son miembros de la Unión Europea, por lo que no hay fronteras. Conducir es una manera agradable de llegar a Viena, pues las carreteras son buenas. La última parte del trayecto desde Baviera, cuando se atraviesan los Alpes, es especialmente bonita.

Los permisos de conducir de cualquier país de la UE valen en todo el territorio. Si se viene del exterior de la UE, hay que adquirir el permiso de conducir internacional en la oficina correspondiente del país de origen.

Conducir en Austria

Austria es un país bastante sencillo por el que conducir. Las carreteras son buenas, y los vieneses buenos conductores. Las autopistas y las carreteras nacionales son fáciles de manejar.

Alquiler de coches

En el aeropuerto Schwechat hay empresas como **Hertz** y **Sixt Rent-a-Car.** Se pedirá el pasaporte o DNI, el permiso de conducir y una tarjeta de crédito para el seguro. La mayoría de estas empresas exigen que el conductor sea mayor de 21 años.

Aparcamiento

A excepción de los domingos, en que las tiendas cierran, buscar un sitio donde aparcar en Viena suele llevar mucho tiempo. La ciudad tiene un sistema de billetes de estacionamiento para los 23 distritos de 9.00-22.00 de lunes a viernes (menos festivos). Los "discos" para aparcar se pueden comprar en los quioscos y estancos *(Tabak Trafiken)* y en las gasolineras. Normalmente está permitido un máximo de dos horas en cada sitio. En algunos barrios, la línea azul en la calzada indica que es zona de pago. Los precios de los parkings varían desde los 5 € por hora a 40 € por día.

Normas de circulación

La prioridad siempre la tiene la derecha, a no ser que una señal amarilla con forma de diamante indique lo contrario. En Austria los semáforos pasan muy rápido del verde al ámbar. Los tranvías, autobuses, coches de policía, bomberos y ambulancias tienen prioridad. El límite de velocidad en Viena son 50 km por hora; en la mayoría de las zonas residenciales son 30 km por hora.

El cinturón de seguridad es obligatorio, y los niños menores de 12 años tienen que sentarse detrás, además de tener un asiento especial para niños y bebés. En caso de accidente, o si en un atasco hay que parar, se debe advertir al resto de conductores accionando los intermitentes.

El límite de alcohol al volante es de 0,5 y se aplica con dureza.

Hay que llevar siempre el permiso de conducir y la documentación del vehículo. Todos los coches que circulen por autopistas o ramales de peaje tienen que llevar una pegatina de pago en el parabrisas, que se adquiere en las gasolineras, o un certificado de peaje digital comprado online. Los hay de 10 días, 2 meses o un año.

En bicicleta

Viena es una gran ciudad para ir en bici, siempre que se eviten las carreteras principales y las líneas del tranvía. Hay un circuito de 7 km para bicicletas alrededor de Ringstrasse que pasa por muchos lugares históricos, y también hay carriles bici hasta el Prater y la Hundertwasserhaus.

El Radkarte Wien, un librito que muestra todas las rutas de bicicleta de Viena, se vende en las librerías. Se pueden alquilar bicicletas en algunas estaciones de tren (con el billete de tren se obtiene descuento, o en alguna de las 100 o más estaciones de **WienMobil** que hay por toda la ciudad. Las empresas **Pedal Power** y **Vienna Explorer** hacen visitas en bici por la ciudad, y facilitan bicicletas eléctricas y asientos para niños.

Seguridad en la bicicleta

Se va por la derecha. Si hay sensación de inseguridad o falta de estabilidad, lo mejor es practicar antes en algún parque del centro de la ciudad. Hay que tener cuidado al cruzar los raíles de los tranvías, haciéndolo en perpendicular, para no quedarse atascado.

Por seguridad, lo mejor es siempre llevar luces o señalización en cualquier carril bici, a un lado de la calzada, en zonas peatonales, por la acera o de noche. No es obligatorio, pero llevar casco nunca está de más.

'Fiaker'

Los carruajes abiertos de caballos tradicionales o *fiakers*, antaño el medio de transporte más habitual de Viena, se pueden alquilar todavía en Heldenplatz, Stephansplatz o en Albertinaplatz. Hay varias empresas que ofrecen este servicio, que ahora se reserva casi en exclusiva a ocasiones especiales.

A pie

Se puede ir a la mayoría de los lugares de interés de Viena andando de un lado a otro, y la ciudad es ideal para caminar. La histórica Ringstrasse es perfecta para dar a un paseo: esta bonita avenida está rodeada por algunos de los edificios más hermosos de la ciudad, incluido el Burgtheater.

Los que quieran dar un paseo más largo pueden ir a los hermosos Bosques de Viena, fuera del centro. Allí hay muchos senderos preciosos que atraviesan viñedos y coquetos pueblos y aldeas.

INFORMACIÓN

TAXIS

Stadt Wien
W wien.gv.att

Faxi Taxi
W faxi.at

Taxi 31300
W taxi31300.at

Taxi 40100
W taxi40100.at

Taxi 60160
W taxi60160.com

ALQUILER DE COCHES

Hertz
W hertz.com

Sixt Rent-a-Car
W sixt.com

BICICLETAS

Pedal Power
W pedalpower.at

Vienna Explorer
W viennaexplorer.com

WienMobil
W wienerlinien.at

Información práctica

Documentación

Los ciudadanos de la UE solo precisan del carné de identidad para entrar al país, y no necesitan visado para estancias inferiores a tres meses. Para más información, se recomienda consultar en la embajada de Austria más cercana, o la web **Austria Info.**

Información de aduanas

Se puede encontrar toda la información sobre los bienes autorizados para introducir o sacar del país en la página web del **Ministerio de Hacienda de Austria.**

Consejos oficiales

Antes de viajar es importante consultar las recomendaciones tanto del Gobierno austriaco como del español. Las páginas web del **Ministerio de Asuntos Exteriores de España** y del **Ministerio de Asuntos Exteriores de Austria** ofrecen información actualizada sobre seguridad, salud y regulaciones locales.

Seguro de viaje

Es recomendable contratar un seguro que cubra robos, pérdida de pertenencias, problemas médicos, cancelaciones y retrasos, leyendo la letra pequeña con mucha atención: si entre los planes previstos se encuentran actividades deportivas como el esquí, hay que asegurarse de que la póliza lo cubre.

Salud

Austria tiene un servicio de salud pública excelente. La **Tarjeta Sanitaria Europea (TSE)** cubre cualquier tratamiento médico necesario a los ciudadanos de la UE en los hospitales públicos. Es importante presentar la identificación lo antes posible. Puede que haya que pagar los gastos por adelantado y reclamar el rembolso después.

Para visitantes de fuera de la UE, el pago del hospital y otros gastos médicos los paga el paciente, por lo que es esencial contratar un seguro médico antes de ir.

Para dolencias menores, se puede ir a la farmacia *(Apotheke)* y obtener información sobre varios medicamentos o tratamientos. Para localizarlas, hay que buscar el cartel con una A en rojo; suele haber una en cada calle principal. Hay farmacias de guardia de noche y los domingos. En todas está cuál es la más cercana y el número de la línea de Información farmacéutica.

Si es grave, la línea telefónica de urgencias es **Arztenotdienst,** o el hospital *(Krankenhaus)* más cercano. Viena tiene varios hospitales, clínicas y centros médicos privados, pero el principal es el Hospital general de Viena (AKH), el más grande de Europa.

Hay servicios de urgencias odontológicas tanto en horario laborable como por las noches y los fines de semana. Para recibir tratamiento en horario no laborable, se puede llamar al **servicio de urgencias dentales**.

A no ser que se indique lo contrario, beber agua del grifo en Viena y sus alrededores es seguro.

Para información acerca de los requisitos de vacunación contra la COVID-19, consultar los consejos oficiales.

Tabaco, alcohol y drogas

Austria solía tener uno de los mayores índices de fumadores de Europa. Siguiendo el ejemplo de la mayoría de los países europeos, desde 2019 está prohibido fumar en bares y restaurantes.

Es ilegal conducir bajo la influencia del alcohol. Las multas por posesión de drogas, dependiendo del tipo de narcótico, van desde leves a muy graves, o condenas de cárcel.

Carné de identidad

No hay por qué ir identificado, pero la policía puede exigir la documentación en cualquier control. Si no se lleva encima, la policía suele acompañar a la persona hasta el lugar donde esté el pasaporte para verlo.

Seguridad personal

Viena es un sitio seguro, pero se deben tomar precauciones, más de noche.

Hay que tener cuidado con los carteristas, sobre

todo en el transporte público y en zonas habituales para turistas, como el Prater y alrededores. Si se sufre un robo, hay que ir en las siguientes 24 horas a la comisaria más cercana a denunciarlo con la documentación. Con una copia de la denuncia se reclama al seguro contratado.

En caso de que lo sustraído sea la documentación, o si se ha sufrido un accidente o delito más grave, habrá que ir a la embajada de España. Todos los teléfonos de los **servicios de urgencias** son gratis con el número emergencia europeo.

Las llamadas a **la policía, las ambulancias** y **los bomberos** también.

Normalmente, los vieneses son personas muy tolerantes en cuestión de género, raza o sexualidad. Aunque los derechos LGTBIQ+ en Austria no son tan progresistas como en el resto de Europa, la homosexualidad en el país es legal desde 1971, y en 2009 se reconoció el derecho a cambiar legalmente de género. El café y centro social LGTBIQ+ **Türkis Rosa Lila Villa** siempre es un espacio seguro que da la bienvenida a todos.

Viajeros con necesidades específicas

Viena es una de las ciudades más accesibles de Europa. La mayoría del transporte está equipado para el acceso de viajeros con movilidad reducida, discapacidad auditiva y visual.

Muchos autobuses y tranvías públicos son vehículos de piso bajo con rampas desplegables y un símbolo luminoso con una silla de ruedas para ayudar a identificarlos. El metro de Viena cuenta con guías táctiles para ayudar a los pasajeros con discapacidad visual a subir escaleras, y encontrar ascensores y salidas. El mapa en braille del metro de Viena se puede comprar en Wiener Linien *(ver p. 135).*

Casi todos los museos tienen accesos para sillas de ruedas y audioguías, al igual que muchos locales.

La página web oficial de **Turismo de Viena** tiene toda la información para viajeros con necesidades específicas sobre lugares de interés, hoteles y restaurantes.

También tiene una lista de empresas con los que poder contratar ayudas para la movilidad o transporte adaptado.

Las siguientes empresas ofrecen servicios a los visitantes con discapacidad visual y auditiva: **Bizeps,** la **Asociación austriaca para personas con discapacidad auditiva,** o la **Federación austriaca de ciegos y deficientes visuales.**

INFORMACIÓN

DOCUMENTACIÓN

Austria Info
W austria.info

Embajada de Austria en Madrid
Paseo de la Castellana 91
28046 Madrid
T 91 564 46 53

CONSEJOS OFICIALES

Ministerio de Asuntos Exteriores de Austria
W bmeia.gv.at

Ministerio de Asuntos Exteriores
W exteriores.gob.es

INFORMACIÓN DE ADUANAS

Ministerio de Hacienda de Austria
W bmf.gv.at

SALUD

Ärztenotdienst
T 141

Urgencias dentales
T 01 512 20 78

Tarjeta Sanitaria Europea (TSE)
W seg-social.es

SEGURIDAD PERSONAL

Emergencias
T 112

Ambulancias
T 144

Bomberos
T 122

Policía
T 133

Türkis Rosa Lila Villa
W dievilla.at

VIAJEROS CON NECESIDADES ESPECÍFICAS

Asociación austriaca para personas con discapacidad auditiva
W oeglb.at

Federación austriaca de ciegos y deficientes visuales
W blindenverband.at

Bizeps
W bizeps.or.at

Turismo de Viena
W wien.info

Zona horaria

España y Austria comparten la misma zona horaria (una hora más con respecto a las islas Canarias). El horario de verano comienza el último domingo de marzo y permanece hasta el último domingo de octubre.

Dinero

La moneda local es el euro (€). La mayoría de los establecimientos aceptan las principales tarjetas de crédito, débito y prepago. Cada vez hay más pagos que se pueden hacer con tarjetas *contactless,* como el transporte. Pero siempre es recomendable llevar algo de efectivo porque algunos comercios pequeños no aceptan tarjetas.

Los cajeros automáticos están marcados con la letra B en azul y verde, y se puede cambiar siempre dinero en las casas de cambio, los bancos o las máquinas de cambio automáticas.

Dispositivos eléctricos

La corriente eléctrica es de 230 V (50Hz). Los enchufes tienen dos clavijas redondas como en España. Los visitantes de otros países necesitarán adaptadores.

Teléfono móvil y wifi

Los viajeros de la UE pueden usar sus teléfonos sin verse afectados por las tarifas de itinerancia. Las tarifas serán las mismas para datos, SMS y llamadas de voz que en el país de origen. A los que vayan a quedarse más tiempo, les puede resultar más económico comprar una tarjeta SIM o un teléfono prepago austriaco.

En Viena hay unos 400 puntos de acceso a wifi gratuito, incluyendo hoteles y estaciones. Los más populares están en Rathausplatz, Stephansplatz, el MuseumsQuartier, el Naschmarkt, el Prater y en la isla del Danubio.

La página web **Stadt Wien** muestra un mapa interactivo con los puntos wifi.

Los cafés y restaurantes suelen permitir usar su wifi sin restricciones a los clientes. El wifi es casi siempre gratuito en los hoteles y también hay acceso en el centro de información turística de Albertinaplatz.

Correos

El servicio postal austriaco, fundado en 1490, es el más antiguo de Europa. Hay dos maneras de enviar correo desde Austria al extranjero: prioritario y económico para Europa y el resto del mundo. Por ejemplo, una carta estándar (hasta 20 g de peso) se envía automáticamente como prioritaria y llega a España en un par de días.

Los sellos se venden en las oficinas de correos. En los buzones, unas rayas rojas sobre el amarillo indican que se vacían los domingos y festivos. Las oficinas amarillas del Post abren de 8.00-12.00 y de 14.00-18.00 de lunes a viernes (algunas no cierran al mediodía). Hay oficinas más pequeñas en las estaciones de tren que suelen abrir las 24 horas del día. Los horarios y emplazamientos están en la web de **Post.**

Clima

El viento frío y cortante de Viena puede hacer que el invierno (de finales de octubre a marzo) sea mucho más frío, llegando a varios grados bajo cero. En verano (junio a finales de agosto) hace calor y sol, pero el calor de julio y agosto es sofocante, por lo que se aconseja reservar alojamiento con aire acondicionado, sobre todo en el centro.

Horarios

Las tiendas suelen abrir de lunes a viernes de 9.00 a 18.30 y de 9.00 a 17.00 los sábados. Algunos centros comerciales abren hasta las 20.00 o 21.00. En este país predominantemente católico, la mayoría de las tiendas del país cierran los domingos, a excepción de algunas en las estaciones de tren más importantes, el aeropuerto y los museos.

Casi todos los bancos abren de 8.00-12-30 y de 13.30 a 15.00 de lunes a viernes (hasta las 17.30 viernes). En el distrito 1, en el centro de la ciudad, los bancos no cierran a mediodía.

Los restaurantes del centro abren todos los días, y son los de los distritos más alejados los que cierran un día o dos de la semana.

El horario de los museos varía, pero la mayoría abre de 10.00-17-00, cerrando o el lunes o el martes. Algunos sitios turísticos importantes permanecen abiertos hasta tarde (21.00) una noche a la semana.

COVID-19 Un aumento en el número de infectados puede conllevar cambios en los horarios y/o cierres. Consulte siempre antes de visitar museos, monumentos y lugares de reunión.

Información turística

En las oficinas de turismo hay personal que habla varios idiomas que ofrece todo tipo de información sobre transporte público, planos gratis y folletos sobre los sitios turísticos y excursiones. En la zona de llegadas del aeropuerto internacional de Viena, en el punto de información de la estación central, así como en Albertinaplatz/ Maysedergasse están las sedes principales, pero luego hay puntos itinerante repartidos por todo el centro. La aplicación **Susi** muestra los restaurantes, eventos gratis, cajeros y farmacias más cercanos.

Una tarjeta de descuento útil es la **Vienna City Card,** de Wiener Linien. El pase rojo de adultos cuesta 17, 25 o 29 € para 1, 2 o 3 días y da entrada a más de 60 sitios y museos de Viena. También permite uso ilimitado de los autobuses turísticos, una guía gratuita y un pase opcional para el transporte público. El pase infantil cuesta aproximadamente la mitad que el de adulto.

La **Vienna PASS** solo merece la pena si se van a visitar muchos monumentos en poco tiempo.

Vienna Walks & Talks, Imperial Guide Vienna y **Wiener Spaziergänge** ofrecen fascinantes paseos históricos con guías expertos en arte, música, arquitectura e historia social. También ofrecen visitas temáticas, como culinarias o cinematográficas. **Red Bus City Tours** y **Vienna Sightseeing** son las empresas más veteranas de autobuses turísticos.

Visitas a iglesias

Hay que vestir acorde cuando se visiten las iglesias y otros lugares religiosos; también se debe evitar hablar en voz alta y limitar las fotografías con *flash.*

Idioma

El alemán es el idioma oficial de Austria, pero incluso quienes lo hablen pueden tener dificultades con el dialecto austriaco. En Viena se habla inglés, pero usar algunas palabras en alemán puede facilitar las cosas.

Impuestos y devoluciones

El IVA es del 20 % en Austria. Los no residentes en la UE pueden solicitar un reembolso en ciertos casos. Para ello, se debe solicitar un recibo y la documentación pertinente *(Ausfuhrbescheinigung)* al comprar. Estos papeles se presentan en la aduana al abandonar el país, junto con el recibo y el DNI, y allí se realiza la devolución.

Alojamiento

Viena tiene gran variedad de alojamientos para todos los presupuestos, desde hoteles de cinco estrellas a pensiones familiares y hostales económicos.

Nunca hay temporada baja como tal, así que es buena idea reservar en cualquier época del año. Los precios suben mucho en temporada alta (verano y Adviento).

Con poco presupuesto se recomienda alojarse fuera del centro o ir a alguno de los cuatro *campings* de Viena. Otra opción económica es dormir en una residencia estudiantil, que suele alquilarse a los turistas en verano. Las webs de Turismo de Viena *(ver p. 139)* y **Camping Wien** son muy útiles.

INFORMACIÓN

TELÉFONO MÓVIL Y WIFI

Stadt Wien
W wien.gv.at

CORREOS

Post
W post.at

INFORMACIÓN TURÍSTICA

Imperial Guide Viennas
W imperialguide vienna.at

Red Bus City Tours
W redbuscitytours.at

Susi
W susi.at/mobile

Vienna City Card
W viennacitycard.at

Vienna PASS
W viennapass.com

Vienna Sightseeing
W viennasightseeing.at

Vienna Walks & Talks
W viennawalks.com

Wiener Spaziergänge
W wienguide.at

ALOJAMIENTO

Camping Wien
W campingwien.at

Dónde alojarse

PRECIOS
Por habitación doble (con desayuno, si está incluido), impuestos y otros cargos.

€ menos de 150 € **€€** 150–280 € **€€€** más de 280 €

Hoteles de lujo

DO & CO Hotel
PLANO N3 ■ Stephansplatz 12 ■ 01 241 88 ■ www.docohotel.com ■ €€€
Un hito arquitectónico. El exterior curvo de vidrio destila diseño y anuncia los niveles de confort del interior. Tiene todos los servicios de un hotel de categoría y una ubicación impecable junto a la catedral. El restaurante es excelente *(ver p. 99)*.

Hotel Bristol
PLANO N6 ■ Kärntner Ring 1 ■ 01 515 160 ■ www.bristolvienna.com ■ €€€
Uno de los mejores destinos de la ciudad, donde suelen alojarse celebridades y políticos para visitas privadas u oficiales. Las 140 habitaciones tienen vistas magníficas de la Staatsoper. Ofrece toda clase de atenciones, como paraguas para los días de lluvia.

Rosewood Vienna
PLANO M3 ■ Petersplatz 7 ■ 01 799 98 88 ■ www.rosewoodhotels.com ■ €€€
Situado en la antigua sede del Erste Group Bank, este hotel de lujo tiene 71 elegantes habitaciones y 28 *suites*. Cuenta con *spa*, gimnasio, servicio de habitaciones 24 horas y una *brasserie* que sirve cocina tradicional austriaca. El bar de la azote, en la 7.ª planta, ofrece cómodos asientos e impresionantes vistas de la ciudad.

Hotel Sacher
PLANO M5 ■ Philharmonikerstrasse 4 ■ 01 514 560 ■ www.sacher.com ■ €€€
Desde su fundación en 1876 ha sido una institución en Viena, donde se han alojado desde emperadores o diplomáticos hasta artistas. En el café de al lado, Arthur Schnitzler disfrutaba de la célebre Sachertorte con un café. Todavía es uno de los más lujosos de Viena. Cada habitación está amueblada de un modo distinto.

Imperial
PLANO N6 ■ Kärntner Ring 16 ■ 01 501 100 ■ www.imperialvienna.com ■ €€€
Este gran hotel se inauguró en 1873 y se convirtió en lugar de reunión de la nobleza austrohúngara. Conserva su regio encanto. Los confiteros del hotel elaboran delicias como la Imperialtorte, creada para rendir homenaje a Francisco José I con motivo de la apertura del hotel.

Marriott Vienna
PLANO P5 ■ Parkring 12a ■ 01 515 180 ■ www.viennamarriott.at ■ €€€
A un paso de los lugares más famosos. Tiene piscina cubierta y un espacio de salud donde se puede uno relajar tras un día de turismo.

Palais Coburg Hotel Residenz
PLANO P4 ■ Coburgbastei 4 ■ 01 518 180 ■ www.palais-coburg.com ■ €€€
Este hotel de lujo ocupa un edificio del siglo XIX. Hay instalaciones de belleza y salud y el *spa* Coburg de la azotea ofrece buenas vistas.

The Ritz - Carlton
PLANO E5 ■ Schubertring 5-7 ■ 01 311 88 ■ www.ritzcarlton.com/vienna ■ €€€
En la histórica Ringstrasse, cerca del Stadtpark, con habitaciones espaciosas con diseño moderno, sala de gimnasia a la última, piscina cubierta y *spa*.

Vienna Intercontinental
PLANO Q6 ■ Johannesgasse 28 ■ 01 711 220 ■ www.intercontinental.com/Vienna ■ €€€
Un moderno hotel de cinco estrellas frente al Stadtpark y no lejos del Konzerthaus. Tiene 453 habitaciones de lujo.

Hoteles bien situados

Das Opernring
PLANO M5 ■ Opernring 11 ■ 01 587 55 180 ■ www.opernring.at ■ €
Este hotel de estilo historicista de la Ringstrasse está frente a la Staatsoper. Los balcones dan a la arbolada

Ring y ofrecen vistas del bulevar. No tiene aire acondicionado.

Hotel Park-Villa

Hasenauerstrasse 12 ■ Autobús 40A ■ 01 367 57 00 ■ www.parkvilla.at ■ €

Una villa majestuosa en el elegante barrio de Döblin; antes acudían vieneses acomodados a pasar el verano. La mayoría de las habitaciones tienen balcón y la terraza lleva al jardín.

Seminarhotel Springer Schlössl

Tivoligasse 73 ■ Autobús 9A ■ 01 814 20 49 ■ www.springer-schloessl.at ■ €

En un castillo construido en 1887 y en el entorno de un parque próximo al famoso Schloss Schönbrunn. Buenas instalaciones para quienes viajan por negocios.

Grand Hotel Wien

PLANO N6 ■ Kärntner Ring 9 ■ 01 515 800 ■ www.grandhotelwien.com ■ €€

Se inauguró en 1870, ocupa una mansión junto a la Ringstrasse y tiene cierto aire de principios del siglo XX. 250 suites y habitaciones decoradas con estilo *art nouveau.*

Hilton Vienna Danube Waterfront

Handelskai 269 ■ Tren Stadion; U-Bahn 2 ■ 01 72 777 ■ www3.hilton.com ■ €€

Un alojamiento de lujo cercano al estadio de fútbol con instalaciones de primera, piscina al aire libre junto al río y que se anuncia como "el principal hotel de negocios de Austria".

Hotel Am Stephansplatz

PLANO N3 ■ Stephansplatz 9 ■ 01 534 050 ■ www.hotelamstephansplatz.at ■ €€

Instalaciones de primera en un hotel del corazón de Viena. Muchas habitaciones tienen vistas a la catedral.

Hotel Regina

PLANO C3 ■ Rooseveltplatz 15 ■ 01 404 460 ■ www.kremslehnerhotels.at ■ €€

Vista espectacular de la neogótica Votivkirche y las habitaciones dan al tejado de la iglesia y sus altas torres de piedra. Además del popular café del hotel, el restaurante Roth está en la planta baja. No tiene aire acondicionado.

Hotel Schloss Wilhelminenberg

Savoyenstrasse 2 ■ Autobús 146B ■ 01 485 85 03 ■ www.austria-trend.at ■ €€

El conde Lacy, un aristócrata austriaco, construyó este palacio entre 1781 y 1784 en su coto de caza de la cima de la montaña Wilhelminen. Magníficas vistas de Viena y muy bien situado: solo se tarda 30 minutos en llegar desde el centro. No tiene aire acondicionado.

The Ring

PLANO N6 ■ Kärntner Ring 8 ■ 01 22 1220■ www.theringhotel.com ■ €€€

Situado justo en el Ring, a un tiro de piedra de la Staatsoper y el principal distrito comercial. Este encantador hotel *boutique* tiene habitaciones con una decoración suntuosa, y cuenta con gimnasio, baño de vapor, sauna y *spa.*

Sans Souci

PLANO E1 ■ Burggasse 2 ■ 01 522 25 20 ■ www.sanssouci-wien.com ■ €€€

A pocos pasos del MuseumsQuartier, un hotel de lujo en el centro de la zona más de moda en de Viena. Hay piscina y *spa.* y todas las habitaciones tienen aire acondicionado. El hotel es una mezcla soberbia de arquitectura tradicional y confort moderno.

Hoteles históricos

Hotel Rathauspark

PLANO J2 ■ Rathausstrasse 17 ■ 01 404 120 ■ www.austria-trend.at ■ €

Este hotel fue el hogar del escritor austriaco Stefan Zweig, y todavía se respira el ambiente de la Viena imperial. Está cerca del ayuntamiento y del icónico Café Central. No tiene aire acondicionado.

Mercure Grand Hotel Biedermeier Wien

PLANO R4 ■ Landstrasser Hauptstrasse 28 ■ 01 716 710 ■ www.all.accorhotels.com ■ €

Situado en un edificio de principios del siglo XIX, la encantadora casa Biedermeier está en un lugar tranquilo, y se puede llegar paseando a los lugares turísticos más importantes, como la Stephansdom, el Belvedere y el Ring. Tiene un apacible patio interior y restaurante con porche. Admiten mascotas con un recargo de 10 €.

Ambassador

PLANO N4 ■ Neuer Markt 5/Kärntner Strasse 22 ■ 01 961 610 ■ www.ambassador.at ■ €€

El arquitecto barroco Fischer von Erlach construyó esta casa a finales del siglo XVII, y en 1898 pasó a ser un hotel. Entre sus huéspedes estuvieron Mark Twain y la actriz Marlene Dietrich. Sigue siendo uno de los hoteles de Viena con más encanto.

Hotel König von Ungarn

PLANO N3 ■ Schuler strasse 10 ■ 01 515 840 ■ www.kvu.at ■ €€

Ya en 1815 se fundó el hotel "Rey de Hungía" en este edificio que data del siglo XVII. En época de la monarquía austrohúngara, los aristócratas húngaros alquilaban apartamentos aquí. Muchos de sus nombres están inscritos en el libro de huéspedes del hotel.

Hotel Mailbergerhof

PLANO N5 ■ Annagasse 7 ■ 01 512 06 41 ■ www.mailbergerhof.at ■ €€

La historia de este fascinante edificio se remonta al siglo XIV, aunque el edificio gótico original se convirtió en un palacete barroco con caballerizas y capilla. Las 40 habitaciones bien equipadas, donde no se puede fumar, son muy acogedoras.

Hotel Orient

PLANO M2 ■ Tiefer Graben 30–32 ■ 01 533 72 07 ■ www.hotelorient.at ■ €€

Construido en 1896, está en una antigua ribera del río que conectaba la ciudad con el Danubio. Era aquí donde se descargaban los cargamentos de Oriente. Con opulento estilo *fin-de-siècle*, pero muchas habitaciones se alquilan por horas. Sin aire acondicionado.

Parkhotel Schönbrunn

Hietzinger Hauptstrasse 10–14 ■ Tranvía 58 ■ 01 878 040 ■ www.austria-trend.at ■ €€

Francisco José I ordenó construir esta mansión en 1907, cerca del Schoss Schönbrunn, para alojar invitados. Tiene instalaciones modernas, pero retiene un aire el esplendor imperial de tiempos pasados. No hay aire acondicionado

Pertschy Palais Hotel

PLANO M3 ■ Habsburger gasse 5 ■ 01 534 490 ■ www.pertschy.com ■ €€

El aristócrata Maximilian von Cavriani hizo construir aquí un palacio en 1734. El edificio es ahora una pensión con patio interior y 55 habitaciones modernas.

Schlosshotel Römischer Kaiser

PLANO N5 ■ Annagasse 16 ■ 01 512 77 510 ■ www.gshorels.de/roemischerkaiser ■ €€

Ubicado en un palacio barroco de 1684, en una calle lateral junto a Kärntner Strasse. El vestíbulo y algunas habitaciones aún tienen elementos históricos.

Wandl

PLANO M3 ■ Petersplatz 9 ■ 01 534 550 ■ www.hotel-wandl.com ■ €€

Este hotel familiar está en una casa del siglo XVIII. Las habitaciones son cómodas, pero sin aire acondicionado.

Hoteles familiares

Art Hotel

Brandmayergasse 9 ■ 01 544 51 08 ■ www.theart hotelvienna.at ■ €

Como el nombre sugiere, contiene mucho arte, pero también grandes habitaciones familiares baratas con cocina y aparcamiento subterráneo. Cerca del mercado callejero de Naschmarkt, a solo 20 minutos en autobús desde Stephansdom. Sin aire acondicionado.

Hotel Josefshof Am Rathaus

PLANO D2 ■ Josefsgasse 4–6 ■ 01 404 190 ■ www.josefshof.com ■ €

En una calle tranquila y una ubicación céntrica. Desayuno hasta las 12.00. Buena opción para familias, pues en una habitación con dos progenitores se puede alojar gratis un menor de 16 años.

Stadthotel Henriette

PLANO R1 ■ Praterstrasse 44–6 ■ 01 214 84 04 ■ www.hotelhenriette.at ■ €€

Ubicación céntrica, a medio camino entre la Stephansdom y el Prater. Gestionado por una familia, tiene habitaciones modernas e hipoalergénicas con balcones y *suites* espaciosas. Buen desayuno con opciones vegetarianas.

Erzherzog Rainer

PLANO G4 ■ Wiedner Hauptstrasse 27–29 ■ 01 221 11 ■ www.hotel erzhograiner.com ■ €€

A un paseo del Palacio del Belvedere. Grande y clásico, uno de los cinco hoteles familiares Schick de Viena. Calurosa bienvenida a los niños y disponen de canguro. No se puede fumar en las habitaciones y no hay aire acondicionado.

The Harmonie

PLANO B3 ■ Harmonie gasse 5–7 ■ 01 317 66 04 ■ www.harmonie-vienna.at ■ €€

Un hotel con encanto, con estilo y confortable que sirve té y dulces gratuitos en el vestíbulo y tiene biblioteca. Las habitaciones están decoradas con cuadros de Luis Casanova Sorolla.

Hotel am Parkring

PLANO Q4 ■ Parkring 12 ■ 01 514 800 ■ www.amparkring.com ■ €€

Las 58 habitaciones de este hotel de la elegante Ringstrasse ofrecen una vista espléndida de la avenida arbolada desde la 13ª planta. Estupenda opción para familias. Infinidad de libros y juguetes para los más pequeños y, además, se pueden concertar los servicios de un canguro. El restaurante también tiene menú infantil

Hotel Anatol

PLANO G1 ■ Webgasse 26 ■ 01 599 96 ■ www.austria-trend.at/hotel-anatol ■ €€

A la vuelta de la esquina de Mariahilfer Strasse. Habitaciones familiares con servicios para niños. Tiene juguetes y se puede contratar canguro.

Hotel City Central

PLANO Q1 ■ Taborstrasse 8 ■ 01 211 500 ■ www.hotelcitycentral.wien ■ €€

Justo en el límite del centro de la ciudad, un lugar ideal desde el que descubrirla. Un hotel de cuatro estrellas construido a principios del siglo XX. Estancia gratis para menores de 6 años y a mitad de precio para los de entre seis y doce años.

Hotel Lassalle

Engerthstrasse 173–5 ■ U-Bahn U1 ■ 01 213 150 ■ www.austria-trend.at ■ €€

Un hotel moderno con una ubicación ideal para familias, cerca de la isla del Danubio, con césped y rutas para bicicletas. Habitaciones familiares, sala y cuarto para niños con juguetes y libros. Se puede contratar canguro. No tiene aire acondicionado.

Hotel Stefanie

PLANO Q1 ■ Taborstrasse 12 ■ 01 211 500 ■ www.hotelstefanie.com ■ €€

Así llamado por la esposa del príncipe Rodolfo. Situado al otro lado del canal del Danubio y a pocos minutos andando desde el centro. Juguetes y menús especiales para niños, además de servicio de canguro. Algunas de las 131 habitaciones son inmensas, pensadas para familias.

Starlight Suite Hotel Wien am Heumarkt

PLANO E6 ■ Am Heumarkt 15 ■ 01 710 78 08 ■ www.starlighthotels.com ■ €€

Un hotel moderno junto al Stadtpark que tiene *suites* bien equipadas, y también habitaciones normales. Los huéspedes pueden disfrutar del desayuno gratis, y los niños menores de 12 años no pagan el alojamiento.

Hoteles de precio medio

Am Schottenpoint

PLANO B3 ■ Währinger Strasse 22 ■ 01 310 87 87 ■ www.schottenpoint.at ■ €

Pequeño hotel en un lugar acogedor con 17 habitaciones sin aire acondicionado. A un corto paseo del Ring y a pocos minutos desde el tranvía, el autobús y el metro que llevan al centro. Desayuno bufé incluido en el precio de la habitación.

Carlton Opera

PLANO F3 ■ Schikanedergasse 4 ■ 01 587 53 02 ■ www.carlton.at ■ €

Situado en el límite del centro, supone una base ideal para explorar la ciudad. La Karlskirche está a la vuelta de la esquina, y el MuseumsQuartier también está cerca. Sus 57 habitaciones tienen instalaciones para preparar té y café. Hay habitaciones familiares y cocina.

Cryston

PLANO H1 ■ Gaudenzdorfer Gürtel 63 ■ 01 813 56 82 ■ www.hotel-cryston.at. hotelsinvienna.org ■ €

Las habitaciones cómodas y acogedoras del hotel Crynson compensan su ubicación en una calle bulliciosa. Dormitorios modernos con TV por satélite, teléfonos de marcación directa, caja fuerte y secador de pelo en los cuartos de baño, pero no tiene aire acondicionado.

Precios *ver p. 142*

Hotel Austria

PLANO P2 ■ Fleischmarkt 20 ■ 01 515 23 ■ www.hotelaustria-wien.at ■ €

Este hotel situado en un callejón sin salida ofrece sosiego, aun estando en el medio de Viena. 42 habitaciones y cuatro apartamentos. Ofrece la alternativa más barata de tener habitación sin baño.

Hotel Prinz Eugen

PLANO H5 ■ Wiedner Gürtel 14 ■ 01 505 17 41 ■ www.novum-hotels.com/hotel-prinz-eugen-wien ■ €

Un hotel urbano al uso en el distrito de las embajadas, cerca del Belvedere. La decoración es una mezcla ecléctica: unas habitaciones estilo tradicional y otras modernas.

Novum Hotel Congress

PLANO H5 ■ Wiedner Gürtel 34 ■ 01 505 55 06 ■ www.novum-hotels.de ■ €

Este moderno hotel de tres estrellas está muy cerca del Belvedere, al otro lado de la antigua Südbahnhof, en una calle bastante animada. Está muy bien de precio, pues las 75 habitaciones y dos apartamentos tienen televisión por satélite, y acceso a Internet.

Ruby Marie

Kaiserstrasse 2–4 ■ 01 205 63 97 00 ■ www.ruby-hotels.com ■ €

Cerca de la Westbahnhof, muy a la última, pero con un precio muy razonable. El bar de la azotea es grande, y las vistas son magníficas. Alquila bicicletas y guitarras eléctricas, hay área de yoga y biblioteca, además de una sala cine de 25 butacas.

Alma Boutique-Hotel

PLANO P2 ■ Hafnersteig 7 ■ 01 533 29 61 ■ www.hotel-alma.com ■ €€

La otrora modesta Pensión Christina ha experimentado una reforma profunda y ahora presume de una decoración con estilo. Las 26 habitaciones tienen toda clase de instalaciones, y algunas incluso bañera de hidromasaje. En el corazón de Viena, a un paso de lugares de interés famosos, con excelentes vistas de la ciudad desde la terraza.

Daniel Wien

PLANO H6 ■ Landstrasser Gürtel 5 ■ 01 901 310 ■ www.hoteldaniel.com/vienna ■ €€

Elegante hotel minimalista en el barrio del Belvedere con panadería propia. Se pueden alquilar iPads y Vespas. También dormir a todo lujo en una caravana Airstream de aluminio de 1952 que hay en el jardín.

Hotel de France

PLANO L1 ■ Schottenring 3 ■ 01 313 680 ■ www.hoteldefrance.at ■ €€

Construido en 1872, conserva el estilo elegante de esa época, ahora combinada con comodidades modernas. Hay salones de reuniones y banquetes y tres restaurantes.

Kugel

PLANO E2 ■ Siebenstern-gasse 43 ■ 01 523 33 55 ■ Cerrado 9 ene-29 feb ■ www.hotelkugel.at ■ €€

Este hotel, cerca de la zona de Spittelberg, lleva abierto desde 1899. Wifi gratis, ambiente relajado y habitaciones con gusto, algunas con camas con dosel. Sin aire acondicionado.

Marc Aurel

PLANO N2 ■ Marc-Aurel-Strasse 8 ■ 01 533 36 400 ■ www.hotel-marcaurel.com ■ €€

Situado a solo unos minutos andando de la Stephansdom, en el corazón de Viena, tiene 18 habitaciones, algunas adaptadas para personas con necesidades específicas. Tiene dos habitaciones más grandes con cocina americana.

Rathaus Wine & Design

PLANO D2 ■ Lange Gasse 13 ■ 01 400 11 22 ■ www.hotel-rathaus-wien.at ■ €€

En este hotel de diseño próximo al centro todo gira en torno al vino. Cada habitación está dedicada a un viticultor austriaco de primera, y hay desayuno con queso y vino, así como cosméticos a base de vino en las habitaciones.

Renaissance Wien Hotel

Linke Wienzeile/ Ullmanstrasse 71 ■ U-Bahn U4 ■ 01 891 020 ■ www.renaissancewien.at ■ €€

Este hotel de la cadena Marriott, moderno y decorado con gran lujo y estilo, está cerca del Schloss Schönbrunn y a solo diez minutos en metro de las principales atracciones del centro. Entre otros servicios, tiene piscina cubierta en la azotea.

Alojamiento económico

Ani

Kinderspitalgasse 1 ■ U-Bahn U6 ■ 01 405 65 53 ■ www.pension-ani.hotelsinvienna.org ■ €
Pensión sencilla con desayuno en un edificio antiguo, de habitaciones de diversos tamaños, pero algunas habitaciones comparten baño y no hay aire acondicionado. Cerca del metro U6 y de tranvía.

Bleckmann

PLANO C3 ■ Währinger Strasse 15 ■ 01 408 08 99 ■ www.hotelbleckmann.at ■ €
Confortable, regentado por una familia y en el barrio de Schottenring y Alsergrund, donde vivieron Sigmund Freud, Franz Schubert y otros vieneses famosos. Habitaciones sencillas con mobiliario bonito, pero sin aire acondicionado. Desayuno bufet.

Boltzmann

PLANO B2 ■ Boltzmanngasse 8 ■ 01 354 500 ■ www.hotelboltzmann.at ■ €
Cercano al Gartenpalais Liechtenstein, este hotel famiiar, bien preparado para niños, es el lugar ideal para explorar Viena a pie y disfrutar a la vez del ambiente vibrante del distrito 19. El patio, el aparcamiento subterráneo y los precios razonables recomiendan reservar.

Drei Kronen Wien City

PLANO F4 ■ Schleifmühlgasse 25 ■ 01 587 32 89 ■ www.hotel3kronen.at ■ €
Aunque el edificio tiene más de 100 años, todas las habitaciones son modernas y equipadas con TV y acceso a Internet. Está en un barrio animado, cerca del Pabellón de la Secesión y la Karlskirche, con muchos restaurantes, *pubs* y bares. Buen desayuno de bufet. No hay aire acondicionado.

Haydn

PLANO F2 ■ Mariahilfer Strasse 57-59 ■ 01 587 44 140 ■ www.haydn-hotel.at ■ €
Hotel de tres estrellas en Mariahilfer Strasse, una de las principales calles comerciales de Viena, con estación de metro en la puerta. Habitaciones silenciosas con teléfono, televisión por cable y minibar. Hay otras opciones, como apartamentos con cocina y *suites*.

Kaffeemühle

Kaiserstrasse 45 ■ 01 523 86 88 ■ www.kaffeemuehle.com ■ €
El "Molinillo de Café" fue adquirido por la cadena Novum y ofrece diseño urbano. En la zona de Neubau, de moda en la ciudad, facilita el acceso al transporte público. Limpio y barato, es muy aconsejable reservar. Hay que tener en cuenta que no tiene aire acondicionado.

Kolping Wien Central

PLANO F3 ■ Stiegengasse 12/esquina Gumpendorfer strasse 39 ■ 01 587 56 310 ■ www.kolping-wien-zentral.at ■ €
En una callecita lateral no muy lejos del Museums Quartier, la mayoría de las modernas habitaciones de esta casa de huéspedes son muy tranquilas. Muchas no tienen aire acondicionado para hacerlas accesibles a todos los bolsillos, y se puede escoger tamaño y opciones de alojamiento. Hay desayuno bufet.

Nossek

PLANO M3 ■ Graben 17 ■ 01 533 70 41 11 ■ www.pension-nossek.at ■ €€
Una pensión con desayuno en la zona peatonal del Graben, en pleno centro de la ciudad. 26 acogedoras habitaciones con todas las comodidades modernas. Hay sala de televisión, y reciben muy bien a las familias.

Vienna Westend City Hostel

Fügergasse 3 ■ U-Bahn U3, U6 ■ 01 597 67 29 ■ No admite tarjetas de crédito ■ www.viennahostel.at ■ €
Albergue próximo a la estación de tren Westbahnhof con habitaciones sin aire acondicionado, pero todas con baño y aseos. El edificio tiene una escalera de caracol, pero también ascensor y jardín. Entre las instalaciones, cuarto para bicicletas y sala de televisión. Amplio abanico de precios.

magdas Hotel

PLANO R5 ■ Ungargasse 38 ■ 01 720 02 88 ■ www.magdas-hotel. at ■ €
Fundado como empresa social, este hotel está cerca del Belvedere. Dispone de 85 habitaciones, incluida una *suite* familiar y dos habitaciones adaptadas para sillas de ruedas, todas ellas con muebles reciclados y aire acondicionado. Cuenta con un restaurante con comedor exterior que sirve platos elaborados con productos regionales y ecológicos.

Precios *ver p. 142*

Índice general

Los números en **negrita** hacen referencia a las entradas principales

Agradecimientos

Edición actualizada por

Colaboración Melanie Nicholson-Hartzell
Edición sénior Alison McGill
Diseño de proyecto Stuti Tiwari
Edición de proyecto Dipika Dasgupta, Lucy Sara-Kelly
Asistencia en diseño de proyecto Divyanshi Shreyaskar
Documentación fotográfica sénior Vagisha Pushp
Iconografía Taiyaba Khatoon
Diseño de cubierta Jordan Lambley
Cartografía Ashif, Suresh Kumar
Diseño DTP Tanveer Zaidi
Producción sénior Jason Little
Producción Kariss Ainsworth
Responsable de edición adjunto Beverly Smart
Responsables editoriales Shikha Kulkarni, Hollie Teague
Edición de arte Sarah Snelling
Edición de arte sénior Priyanka Thakur
Dirección de arte Maxine Pedliham
Dirección editorial Georgina Dee

DK quiere agradecer a las siguientes personas su colaboración en ediciones anteriores: Clive Streeter, Kathryn Glendenning, Michael Leidig, Helen Peters, Peter Wilson, Sarah Woods e Irene Zoech

Los editores quieren agradecer a las siguientes entidades su amabilidad al conceder su permiso para reproducir sus fotografías:

Leyenda: a-superior; b-abajo/inferior; c-centro; f-alejado; l-izquierda; r-derecha; t-arriba

123RF.com: Aginasanders 106cla, Kabvisio 74tr, kisamarkiza 91t, Pavel Lipskiy 83b, 102b, Meinzahn 122b, Alexandr Mychko 75bl, Roman Plesky 100ca, Anna Pustynnikova 75tr, radub85 107b, 117cla, tasfoto 81br, Yaroslav Yatsyk 126cla, zechal 116ca.

Alamy Stock Photo: Luise Berg-Ehlers 76tr; blickwinkel / Samot 105cl; Svetlana Dingarac 87tr; Robert Dziewulski 112-113; edpics 67cl; Manfred Gottschalk 40clb; Granger Historical Picture Archive 48ca; Hackenberg-Photo-Cologne 62b, 80tl, 80br, 99tr, 116b; Hemis.fr / Ludovic Maisant 29tl; imageBROKER / Egon Bömsch 32cla; John Kellerman 16-17c, 26-27, 65tr; Brian_Kinney 10cla; Art Kowalsky 2tl, 3tr, 8-9, 132-133; LOOK Die Bildagentur der Fotografen GmbH / Ingolf Pompe 105br; Stefano Politi Markovina 4cl; mauritius images GmbH / Volker Preusser 81cla; McPhoto / Bilderbox 14cl; David Noton 10clb; Prisma by Dukas Presseagentur GmbH 43ca; robertharding / Michael Runkel 11br; Romas_ph 3tl, 88-89; Sagaphoto.com / Stephane Gautier 73tr; Riccardo Sala 29cr; Maurice Savage 18cra; travelimages 4cra; volkerpreusser 10crb; Ernst Wrba 45br.

© Albertina, Vienna: 7cla, 91crb.
Architekturzentrum Wien: Lisa Rastl 35cra.
AWL Images: Neil Farrin 10bl; Stefano Politi Markovina 11clb.
B&F Wien: Manfred Seidl 67tl.
Belvedere, Viena: 28bl, 31bl.
Burgtheater: 93cl.
Café Do-An: 119cla.
Café Museum: 118ca.
Clownmuseum: 57tr.
Das Mo öbel: 110b.
Das Triest-Bistro Porto: Steve Herud 125b.
© Palais Daun-Kinsky, Wien: Herbert Lehmann 53cl.
Der Dritte Mann Tour: Felicitas Matern 62tl.
Dorotheum: R. R. Rumpler 96tl.
Dreamstime.com: Abxyz 4crb; Rostislav Ageev 7tr; Alexirina27000 17tl; David Bailey 54cl, 64tr; Maksim Budnikov 101bc; Nikolay Bychkov 36br; Chaoss 6bl, 73cl; Dafrei 52tl; Dagobert1620 130b; Digitalpress 51bl; Mindauga Dulinska 12cl, 41tl; Dziewul 40cr, 128tr; Darius Dzinnik 75cl; Empire331 85cl; Iakov Filimonov 87cla; Denitsa Glavinova 44cl; Özgür Güvenç 55t; Fritz Hiersche 129cla; Kisamarkiza 44b, 86tl; Derii Larisa 74bl; Erik Lattwein 79crb; Pavel Lipskiy 38br, 59b; Fabio Lotti 4clb; Lucasarts 128-129b; Marcin Łukaszewicz 11tl; Magition 32br; Meinzahn 4t, 63tr, 70-71, 104b; Mikolaj64 84tl; minnystock 17cr; Mircea Hotea 76tr; Anna Nakonechna 19tr; Olgalngs 15crb; Lefteris Papaulakis 12-13; Pavel068 11cla; Bojan Pavlukovic 90cla; Photoblueice 53br; Roman Plesky 50t; Radub85 56br, 58clb; Romasph 115br; Scanrail 28-29c; Jozef Sedmak 101t, 120cla; Sjankauskas 60bc; Nikolai Sorokin 18tl; Svetlana195 4b, 54bc, 61br; TasFoto 16cla, 41crb, 85tr, 102tl; Tomas1111 36cl, 92cl, 94bl; Vitalyedush 12clb; Vvoevale 92bc; Bettina Wagner 4cla; Xalanx 13tr; Minyun Zhou 33br.
EssDur Restaurant im Konzerthaus: 79tl.
Escuela Española de Equitación: ASAblanca.com / Rene é van Bakel 20t, 20c; Mathias Lauringer 20bl.
Fabios: 99clb.
Getty Images: adoc-photos 19bl; AFP / Patrick Domingo 6tr, / Joe Klamar 83tr, / Dieter Nagl 84b; Getty Images Europe / Manfred Schmid 72bl; Gonzalo Azumendi 115tl; De Agostini Picture Library 60clb; DEA / A. Dagli Orti 45clb, 49tr, 61cl, / E. Lessing 31tr, / G. Dagli Orti 60tr; Pascal Deloche 2tr, 46-47, 127t; Godong 77cla; Jorg Greuel 121b; Hulton Deutsch 49cl; Hulton Fine Art Collection 48b; Imagno 15cla, 21b, 30tr, 37tl; Herbert Neubauer 72t; Sylvain Sonnet 33tl; UIG / JTB Photo 121tr; Ullstein Bild 15clb, / Karin Nussbaumer 70crb.
Haus der Musik: Rudi Froese 57cl.
ImPulsTanz: Karolina Miernik 86cr.
iStockphoto.com: alessandro0770 37bl; VvoeVale 59tl.

© KHM-Museumsverband: 22cra, 22cl, 22bl, 23tl, 23cra, 24cl, 24bl, 25tr, 25c, 25b.

Leopold Museum, Vienna: *Self, Portrait with Chinese Lantern Plant* (1912) Egon Schiele, Oil, opaque color on wood, 32,2 × 39,8 cm 11cra; WienTourismus / Peter Rigaud 35tl.

Marionettentheater Schloss Schönbrunn: Roman Gerhardt 68t.

Meinl am Graben: Herbert Lehmann 95bc.

Meixner's Gastwirtschaft: 131cra.

MuseumsQuartier E+B GesmbH: Hertha Hurnaus 108-109.

Österreichische Akademie der Wissenschaften: Klaus Pichler 94tr.

© Palais Ferstel, Viena: Christian Husar 76-77b; Herbert Lehmann 98b; Michael Rzepa 52br.

Salm Braü: Mario Kranabetter 124tl.

Copyright Schloss Schönbrunn Kultur- und Betriebsges.m.b.H.: 42bl, 43bl; Bildagentur Zolles KG / Christian Hofer 42c; Knaack 17br; Julius Silver 64-65b.

Secesión Viena: Jorit Aust 39tl; Oliver Ottenschlaeger 38-39; Wolfgang Thaler 11cr, 39br.

Shutterstock.com: Erich Karnberger 108tc, Kiev. Victor 34-35c.

Sigmund Freud Museum: Oliver Ottenschlaeger 103cla.

Sky Bar: 97b.

Steffl: Michael Sazel 82t.

Steirereck im Stadtpark: © pierer.net 78b.

SuperStock: 14br, 86-87; age fotostock / Carlos S. Pereyra 41bl; F1 ONLINE 51cra; imageBROKER 77tr.

Technisches Museum Wien: 68clb; Peter Sedlaczek 56t.

Tunnel: 111cla.

© www.lupispuma.com / Volkstheater: 70tl, 107tr.

Wein & Co Bar: 118br.

Wien Museum: Hertha Hurnaus 123tl, 127br; Lisa Rastl 66b.

Xocolat: 95cl.

Zoom Kindermuseum: Alexandra Eizinger 69cra; J. J. Kucek 34bl.

Cubierta

Delantera y lomo: **Alamy Stock Photo:** Art Kowalsky.

Trasera: **Dreamstime.com:** Mistervlad cla, Rosshelen crb, Sborisov tr, Zwawol tl; **Alamy Stock Photo:** Art Kowalsky b.

Mapa desplegable

Alamy Stock Photo: Art Kowalsky.

Resto de imágenes © Dorling Kindersley

Para más información visite: www.dkimages.com

Ilustración: Chris Orr & Associates chrisorr.com

De la edición española
Coordinación editorial Cristina Gómez de las Cortinas
Servicios editoriales Moonbook
Traducción DK

Impreso y encuadernado en China

Publicado originalmente en Gran Bretaña en 2003 por Dorling Kindersley Limited
DK, 20 Vauxhall Bridge Road, London, SW1V 2SA, UK

Título original Eyewitness Travel Top 10 Vienna
Duodécima edición, 2024

ISBN 978-0-241-70536-0

MIXTO
Papel | Apoyando la silvicultura responsable
FSC™ C018179

Este libro se ha impreso con papel certificado por el Forest Stewardship Council™ como parte del compromiso de DK por un futuro sostenible. Para más información, visita www.dk.com/our-green-pledge

Frases útiles

Emergencias

¿Dónde hay un teléfono?	**Wo ist das Telefon?**
¡Socorro!	**Hilfe!**
Por favor, llame a un médico	**Bitte rufen Sie einen Arzt**
Por favor, llame a la policía	**Bitte rufen Sie die Polizei**
Por favor, llame a los bomberos	**Bitte rufen Sie die Feuerwehr**
¡Alto!	**Halt!**

Comunicación básica

Sí	**Ja**
No	**Nein**
Por favor	**Bitte**
Gracias	**Danke**
Perdone	**Verzeihung**
Hola (buenos días)	**Guten Tag**
Adiós	**Auf Wiedersehen**
Buenas tardes	**Guten Abend**
Buenas noches	**Gute Nacht**
¿Por qué?	**Warum?**
¿Dónde?	**Wo?**
¿Cuándo?	**Wann?**
hoy	**heute**
mañana	**morgen**
mes	**Monat**
noche	**Nacht**
tarde	**Nachmittag**
mañana	**Morgen**
año	**Jahr**
allí	**dort**
aquí	**hier**
semana	**Woche**
ayer	**gestern**
tarde	**Abend**

Frases habituales

¿Cómo está?	**Wie geht's?**
Bien, gracias	**Danke, es geht mir gut**
¿Dónde está/están?	**Wo ist/sind...?**
¿Qué distancia hay a...?	**Wie weit ist es...?**
¿Habla inglés?	**Sprechen Sie Englisch?**
No entiendo	**Ich verstehe nicht**
Por favor, hable más despacio	**Bitte, sprechen Sie langsamer**

Palabras habituales

grande	**gross**
pequeño	**klein**
caliente	**heiss**
frío	**kalt**
bueno	**gut**
malo	**böse/schlecht**
abierto	**geöffnet**
cerrado	**geschlossen**
izquierda	**links**
derecha	**rechts**

Llamar por teléfono

Quisiera hacer una llamada telefónica	**Ich möchte telefonieren**
Lo intentaré más tarde	**Ich versuche noch ein mal später**
¿Puedo dejar un mensaje?	**Kann ich eine Nachricht hinterlassen?**
tarjeta telefónica	**Telefonkarte**
teléfono móvil	**Mobiltelefon**
ocupado / comunicando	**besetzt**
número equivocado	**Falsche Verbindung**

Turismo

entrada	**Eintrittskarte**
cementerio	**Friedhof**
estación de tren	**Bahnhof**
museo	**Galerie**
información	**Auskunft**
iglesia	**Kirche**
jardín	**Garten**
palacio/castillo	**Palast/Schloss**
plaza	**Platz**
parada de autobús	**Haltestelle**
festivo	**Nationalfeiertag**
teatro	**Theater**
entrada gratuita	**Eintritt frei**

Compras

¿Tienen...?	**Gibt es...?**
¿Cuánto cuesta?	**Was kostet das?**
¿Cuándo abren/ cierran?	**Wann öffnen Sie? schliessen Sie?**
esto	**das**
caro	**teuer**
barato	**preiswert**
talla	**Grösse**
número	**Nummer**
color	**Farbe**
marrón	**braun**
negro	**schwarz**
rojo	**rot**
azul	**blau**
verde	**grün**
amarillo	**gelb**

Tipos de tiendas

anticuario	**Antiquariat**
farmacia	**Apotheke/**
banco	**Bank**
mercado	**Markt**
agencia de viajes	**Reisebüro**
grandes almacenes	**Warenhaus**
peluquería	**Friseur**
quiosco	**Zeitungskiosk**
librería	**Buchhandlung**
panadería	**Bäckerei**
oficina de correos	**Post**
tienda/comercio	**Geschäft/Laden**
zapatería	**Schuhladen**
tienda de ropa	**Kleiderladen, Boutique**
tienda de alimentación	**Lebensmittel-geschfäft**

En el hotel

¿Tienen habitaciones?	**Haben Sie noch Zimmer frei?**
de dos camas?	**mit zwei Betten?**
con una cama doble?	**mit einem Doppelbett?**
con baño?	**mit Bad?**
con ducha?	**mit Dusche?**
Tengo una reserva	**Ich habe eine Reservierung**

llave	**Schlüssel**
botones	**Pförtner**

En el restaurante

¿Tienen mesa para...?	**Haben Sie einen Tisch für...?**
Me gustaría reservar una mesa	**Ich möchte eine Reservierung machen**
¡Camarero!	**Herr Ober!**
La cuenta	**Die Rechnung**
desayuno	**Frühstück**
comida	**Mittagessen**
cena	**Abendessen**
botella	**Flasche**
menú	**Tagesgericht**
segundo plato	**Hauptgericht**
postre	**Nachtisch**
vaso	**Tasse**
carta de vinos	**Weinkarte**
copa	**Glas**
cuchara	**Löffel**
propina	**Trinkgeld**
cuchillo	**Messer**
entrante (aperitivo)	**Vorspeise**
plato	**Teller**
tenedor	**Gabel**

La carta

Beefsteack	filete
Bier	cerveza
Branntwein	bebidas espirituosas
Bratkartoffeln	patatas fritas
Bratwurst	salchicha frita
Brötchen	panecillo
Brot	pan
Brühe	caldo
Butter	mantequilla
Champignon	champiñón
Ei	huevo
Eis	hielo/helado
Ente	pato
Fisch	pescado
Forelle	trucha
Frikadelle	hamburguesa
Gans	ganso
Garnele	langostino/gamba
gebraten	frito
gegrillt	a la brasa
gekocht	cocido
geräuchert	ahumado
Gemüse	verduras
Hähnchen	pollo
Kaffee	café
Kalbfleisch	ternera
Karpfen	carpa
Käse	queso
Knoblauch	ajo
Knödel	fideos
Kohl	repollo
Kuchen	bizcocho/tarta
Milch	leche
Mineralwasser	agua mineral
Öl	aceite
Pfeffer	pimienta
Rindfleisch	vaca
Saft	zumo
Salat	ensalada
Salz	sal
Salzkartoffeln	patatas cocidas
Sekt	vino espumoso
scharf	picante
Schnitzel	chuletas de ternera/cerdo
Schweinefleisch	cerdo
Spargel	espárragos
Spinat	espinacas
Tee	té
Wein	vino
Wiener Würstchen	salchicha de Frankfurt
Zucker	azúcar
Zwiebel	cebolla

Números

0	**null**
1	**eins**
2	**zwei**
3	**drei**
4	**vier**
5	**fünf**
6	**sechs**
7	**sieben**
8	**acht**
9	**neun**
10	**zehn**
11	**elf**
12	**zwölf**
13	**dreizehn**
14	**vierzehn**
15	**fünfzehn**
16	**sechzehn**
17	**siebzehn**
18	**achtzehn**
19	**neunzehn**
20	**zwanzig**
21	**einundzwanzig**
30	**dreissig**
40	**vierzig**
50	**fünfzig**
60	**sechzig**
70	**siebzig**
80	**achtzig**
90	**neunzig**
100	**hundert**
1.000	**tausend**
1.000.000	**eine Million**

Tiempo

un minuto	**eine Minute**
una hora	**eine Stunde**
lunes	**Montag**
martes	**Dienstag**
miércoles	**Mittwoch**
jueves	**Donnerstag**
viernes	**Freitag**
sábado	**Samstag**
domingo	**Sonntag**

Callejero

Albertgasse **D1**
Albertinaplatz **M5**
Alser Strasse **C1**
Alserbachstrasse **A3**
Am Gestade **M1**
Am Heumarkt **Q6**
Am Hof **M2**
Am Stadtpark **Q4**
Argentinierstrasse **G5**
Aspernbrückengasse **Q1**
Auerspergstrasse **J4**
Augustinerstrasse **M4**
Babenbergerstrasse **K5**
Bäckerstrasse **P3**
Ballhausplatz **L3**
Bankgasse **L3**
Barbaragasse **P3**
Bauernmarkt **N3**
Belvederegasse **G5**
Benno-Floriani-Platz **D1**
Berggasse **B3**
Biberstraase **Q2**
Bognergasse **M3**
Boltzmanngasse **B2**
Börsegasse **M1**
Börseplatz **M1**
Bösendorferstrasse **N6**
Brandstâtte **N3**
Braunerstrasse **M3**
Breite Gasse **J5**
Burggasse **E1**
Burgring **K4**
Coburgbastei **P4**
Concordiaplatz **M1**
Dominikanerbastei **Q3**
Dorotheergasse **M4**
Dr-Ignaz-Siepel-Platz **P3**
Dr-Karl-Lueger-Platz **Q4**
Dr-Karl-Renner-Ring **K3**
Ebendorferstrasse **J2**
Elisabethstrasse **L6**
Essiggasse **P3**
Färbergasse **M2**
Favoritenstrasse **G4**
Felderstrasse **J2**
Fichtegasse **P6**
Fleischmarkt **P2**
Florianigasse **D2**
Franz-Josefs-Kai **Q2**
Freyung **L2**
Friedrichstrasse **F3**
Fürichgasse **M5**
Gauermanngasse **L6**
Georg-Coch-Platz **Q3**
Getreidemarkt **K6**
Gluckgasse **M4**
Goethegasse **L5**
Goldeggasse **G5**
Gonzagagasse **N1**
Graben **M3**
Grillparzerstrasse **K2**
Grosse Sperlgasse **C5**
Gumpendorfer Strasse **F3**
Gusshausstrasse **F4**
Gutenberggasse **J5**
Habsburgergasse **M3**
Hahngasse **B4**
Hamburger Strasse **F2**
Hegelgasse **N5**
Heidenschuss **M2**
Heinrichsgasse **M1**
Helferstorferstrasse **L1**
Herrengasse **L2**
Hessgasse **L1**
Himmelpfortgasse **N4**
Hohenstaufengasse **L1**
Hoher Markt **N2**
Hörlgasse **C3**
Invalidenstrasse **R5**
Johannesgasse **N5**
Josefsgasse **D2**
Josefsplatz **M4**
Josefstädter Strasse **D1**
Judengasse **N2**
Judenplatz **M2**
Julius-Raab-Platz **Q2**
Julius-Tandler-Platz **A3**
Karlsplatz **F4**
Kärntner Ring **N6**
Kärntner Strasse **N4**
Kirchberggasse **J5**
Kohlmarkt **M3**
Kolingasse **C3**
Kollnerhofgasse **P3**
Kramergasse **N3**
Krugerstrasse **N5**
Landesgerichtsstrasse **J2**
Landstrasser Gürtel **H6**
Landstrasser Hauptstrasse **R4**
Lange Gasse **D2**
Laudongasse **C1**
Lazarettgasse **C1**
Lerchenfelder Strasse **D1**
Lichtenfelsgasse **J3**
Liebiggasse **J1**
Liechtensteinstrasse **B3**
Lilienbrunngasse **P1**
Lindengasse **F1**
Linke Wienzeile **G2**
Lobkowitzplatz **M4**
Lothringerstrasse **P6**
Löwelstrasse **K2**
Mahlerstrasse **M5**
Marc-Aurel-Strasse **N2**
Margaretenstrasse **G3**
Mariahilfer Strasse **F2**
Maria-Theresia-Platz **K5**
Maria-Theresien-Strasse **K1**
Marxergasse **R3**
Mayerhofgasse **G4**
Meierei im Stadtpark **Q4**
Messeplatz **K5**
Michaelerplatz **L3**
Milchgasse **M3**
Minoritenplatz **L3**
Morzinplatz **N1**
Museumstrasse **J4**
Naglergasse **M2**
Neubaugasse **E2**
Neuer Markt **M4**
Neulinggasse **F6**
Neustiftgasse **E1**
Neutorgasse **M1**
Nibelungengasse **L6**
Nussdorfer Strasse **B2**
Obere Augartenstrasse **A5**
Obere Donaustrasse **P1**
Operngasse **M5**
Opernring **L5**
Paniglgasse **F4**
Parkring **P5**
Passauerplatz **M1**
Paulanergasse **F4**
Petersplatz **M3**
Philharmonikerstrasse **M5**
Piaristengasse **D2**
Piaristenplatz **D2**
Plankengasse **M4**
Porzellangasse **B3**
Postgasse **P3**
Praterstrasse **Q1**
Predigrgasse **P3**
Pressgasse **F3**
Prinz-Eugen-Strasse **F5**
Rabensteig **P2**
Rainergasse **H4**
Rathausplatz **K2**
Rathausstrasse **J2**
Rechte Wienzeile **F3**
Reichsratstrasse **J3**
Reitschulgasse **M4**
Renngasse **M2**
Rennweg **F5**
Rossauer Lände **A4**
Rotenturmstrasse **N3**
Rotgasse **N2**
Rudolfsplatz **N1**
Salesianergasse **F6**
Salvatorgasse **M2**
Schallautzerstrasse **Q4**
Schauflergasse **L3**
Schellinggasse **N5**
Schenkenstrasse **L3**
Schillerplatz **L6**
Schmerlingplatz **J4**
Schönbrunner Strasse **G3**
Schonlaterngasse **P3**
Schottenbastei **L1**
Schottengasse **L1**
Schottenring **L1**
Schrankgasse **E2**
Schreyvogelgasse **K2**
Schubertgasse **A2**
Schubertring **P6**
Schulerstrasse **N3**
Schwarzenbergplatz **F5**
Schwarzenbergstrasse **N6**
Schweighofergasse **J6**
Seilergasse **M4**
Seilerstätte **N5**
Seitzergasse **M3**
Siebensterngasse **E2**
Singerstrasse **N4**
Sonnenfelsgasse **P3**
Spiegelgasse **M4**
Spitalgasse **B2**
Spittelauer Lände **A4**
Spittelberggasse **E2**
Stephansplatz **N3**
Stiftgasse **E6**
Strohgasse **F6**
Struchgasse **L2**
Strudlhofgasse **B2**
Stubenbastei **P4**
Stubenring **Q3**
St-Ulrichs-Platz **E2**
Taborstrasse **Q1**
Tegetthoffstrasse **M4**
Tiefer Graben **M2**
Tuchlauben **M3**
Universitätsring **K2**
Universitätsstrasse **J1**
Untere Donaustrasse **Q2**
Uraniastrasse **R2**
Volksgartenstrasse **J4**
Vordere Zollamtsstrasse **R3**
Waaggasse **G4**
Währinger Gürtel **A2**
Währinger Strasse **B2**
Walfischgasse **N5**
Wasagasse **C3**
Weihburggasse **N4**
Weiskirchnerstrasse **Q4**
Werdertorgasse **M1**
Westbahngasse **E1**
Wiedner Gürtel **H5**
Wiedner Haupstrasse **G4**
Wipplinger Strasse **M2**
Wollzeile **P3**
Zedlitzgasse **P4**